BERLIN 1937
DIE RUHE VOR DEM STURM

GIANLUCA FALANGA

BERLIN 1937

DIE RUHE VOR DEM STURM

WWW.BERLINSTORY.DE

Morgendämmerung? Ach wo! Finsterste Nacht ist es.
Wird es in diesem Land überhaupt jemals eine
Morgendämmerung geben?
Mut, mein Junge!
Ob es eine Morgendämmerung gibt, das liegt an uns,
an dir und mir!

(Zwei Anarchisten im Untergrund in Berlin 1937,
aus: Rudolf Berner, Die unsichtbare Front, 1940)

I M P R E S S U M

Deutsche Nationalbibliothek – CIP Einheitsaufnahme

Falanga, Gianluca:
Berlin 1937 – Die Ruhe vor dem Sturm
1. Auflage – Berlin: Berlin Story Verlag 2007
ISBN 13: 978-3-929829-46-4

Covergestaltung unter Verwendung des Titelbilds des Ausstellungskatalogs »Gebt mir vier Jahre Zeit« (s. S. 120 im Buch) und zeitgenössischer Zeitungsbilder.

Unter den Linden 40, 10117 Berlin
Tel.: (030) 20 45 38 42
Fax: (030) 20 45 38 41
www.BerlinStory.de, E-Mail: Service@BerlinStory.de
Lektorat: Gabriele Dietz
Gestaltungsentwurf: Till Kaposty-Bliss
Umschlag und Satz: Norman Bösch

WWW.BERLIN-1937.DE

INHALT

^ *Anzeige der Berliner Gaswerke in der Sonderausgabe der* Berliner Illustrirten Zeitung *zur 700-Jahr-Feier 1937*

VORWORT

RUHE VOR DEM STURM

Danach wurde alles schlechter – so ist das Jahr der großen Inszenierungen, die Zeitspanne zwischen den Olympischen Spielen im August 1936 und dem »Anschluss Österreichs« im März 1938 den Berlinern in Erinnerung geblieben. Als Zeit der »Ruhe vor dem Sturm« bezeichnete Hitlers Dolmetscher, der Charlottenburger Paul Schmidt, das Jahr 1937 in seinen unmittelbar nach dem Krieg geschriebenen Erinnerungen: »Wie Hitler in seiner Rede vom Januar 1937 angekündigt hatte, gab es – zumindest in diesem Jahre – keine Überraschungen mehr. Wenn man es heute betrachtet, könnte man es fast das Jahr der Ruhe vor dem Sturm nennen, obgleich es in anderer Hinsicht durchaus nicht so ruhig verlief.«

Tatsächlich blieben den Deutschen und der Welt Überraschungen wie die Wiedereinführung der Wehrpflicht (März 1935) und die Besetzung des entmilitarisierten Rheinlands (Mai 1936) in diesem Jahr erspart. Und doch ahnte man in der Reichshauptstadt, dass viel größere und folgenschwerere Überraschungen unmittelbar bevorstanden. Der offene Widerspruch zwischen den Friedensbeteuerungen des »Führers« und den massiven Rüstungsbestrebungen war im »Friedensjahr« 1937 nicht mehr zu übersehen.

Doch scheint dies die meisten Berliner zwei Jahre vor Beginn des Zweiten Weltkriegs noch nicht allzu sehr belastet zu haben. Immerhin hatte das selbstbewusste Auftreten der Nationalsozialisten die Stellung Deutschlands wieder aufgewertet und die Schwäche der Versailler-Mächte bloßgelegt. Internationale Spannungen waren an der Tagesordnung: Ein

< 1937 – ein Jahr großer Inszenierungen: Die »Berliner Messestadt« am Funkturm spielt in diesem Jahr eine zentrale Rolle.

großer Teil der Bevölkerung hielt sie für den Preis, den das Reich zahlen musste, um den Deutschen wieder »Mut, Ehre und Sicherheit« zu geben. Was für viele mehr zählte, war die »Beseitigung der Arbeitslosigkeit«, mit der die Nationalsozialisten auch einen großen Teil der früher »roten« Arbeiterschaft für sich gewinnen konnten. Dass die Verbesserung des Lebensstandards in Deutschland eine Folge der Wiederbelebung der Weltwirtschaftskonjunktur sowie einer hemmungslosen Staatsverschuldung war, wurde verschwiegen.

1937 war, wie zahlreiche wissenschaftliche Untersuchungen gezeigt haben, das Jahr der höchsten Identifikation zwischen Bevölkerung und Regime. Und es war auch und vor allem das »Rechenschaftsjahr«, in dem die Nationalsozialisten ihre Erfolgsbilanz vorwiesen, und dies insbesondere mit Großinszenierungen: den Propagandaausstellungen von 1937 in der »Berliner Messestadt« am Funkturm und der 700-Jahr-Festwoche. Berlin, das Machtzentrum des »Dritten Reichs«, wurde damit im Jahr seines 700. Geburtstags zur größten Bühne der Nationalsozialisten nach dem Reichsparteitagsgelände bei Nürnberg.

Färbte sich das ehemals rote Berlin allmählich braun? Die Stimmung war, wenn »nicht überschwänglich«, so doch »erst recht nicht regimefeindlich«, musste der junge Exilant Willy Brandt, der sich unmittelbar vor der Jahreswende 1936/37 inkognito in der Reichshauptstadt aufhielt, niedergeschlagen erkennen. Die Nationalsozialisten befanden sich deutlich auf Erfolgskurs. Und gerade in Berlin, wo die nationalsozialistische Bewegung es sehr schwer gehabt hatte, sich zu etablieren und durchzusetzen, hatte die enthusiastische Anteilnahme der Massen vor allem bei öffentlichen Veranstaltungen für Hitler und seine Gefolgsleute eine besondere Bedeutung.

Berlin hatte bis zur Machtergreifung als aufgeklärte, zügellose Metropole gegolten, die für Weltbürgerlichkeit und avantgardistisches Denken stand. Es war gerade das Emanzipatorische, der Widerspruchsgeist, was die Nationalsozialisten an Berlin am meisten störte. Zudem verkörperte die Industriemetropole, durchdrungen von Arbeiterkultur, die verhasste »Novemberrepublik«, die »Systemzeit der roten Bonzen« und die Dekadenz des modernen Stadtlebens. Diesen »üblen Beigeschmack«, so Joseph Goebbels anlässlich der 700-Jahr-Feier, »den man sonst im Lande empfand, wenn von Berlin ... die Rede war«, beseitigt zu haben, zählten die neuen Machthaber zu ihren besonderen »Verdiensten«.

Vertrauen, nationaler Zusammenhalt, technischer Fortschritt und überwältigender Enthusiasmus prägten allerdings das Jahr 1937 für viele Berliner. Doch alles fußte auf einer großen Täuschung. Das Jahr 1937 stand in erster Linie im Zeichen des neuen, zweiten Vierjahresplans, der das Deutsche Reich »kriegsfähig« machen sollte. Nichts von dem, was Millionen Deutsche in Jubel versetzte – weder der Glaube, Würde und Freiheit wiedergewonnen zu haben, noch das Bild einer nach vorn blickenden Welthauptstadt – war von Dauer. »Das Deutsche Reich«, schrieb Sebastian Haffner 1981 in seinen *Anmerkungen zu Hitler*, »war ihm [Hitler] ja nie etwas, das er zu festigen und zu bewahren hatte, sondern immer nur Sprungbrett, zu einem ganz anderen, viel größeren Reich, [...] dem er in Gedanken nicht einmal geographische Grenzen setzte. [...] Wenn aber jeder Schritt nur Vorbereitung zum immer wieder nächsten sein sollte, gab es keine Veranlassung, irgendwo haltzumachen und Erreichtes – oder gar nur Vorgefundenes – dauerhaft als Staat zu befestigen. [...] Das Deutsche Reich musste aufhören, Staat zu sein, um ganz Eroberungsinstrument werden zu können.«

Dieses Buches will den Erkenntnissen der Historiker keine neuen Forschungsergebnisse hinzuzufügen. Es will vielmehr, wie in einem Jahrbuch, die entscheidendsten Ereignisse des Jahres 1937 in der Stadt Revue passieren lassen und so ein Porträt Berlins in einem wesentlichen Augenblick seiner Geschichte zeichnen. Grundlage dieser Arbeit sind die Berichte zeitgenössischer Publikationen und der Presse, in erster Linie der Berliner/norddeutschen Ausgabe des *Völkischen Beobachters*, sowie die Lektüre neuerer Untersuchungen. Gespräche mit Zeitzeugen dienten als Quelle wichtigen Hintergrundwissens. Allen, die mich bei diesem Projekt unterstützt haben, möchte ich hier meinen herzlichsten Dank aussprechen.

Berlin, Mai 2007
Gianluca Falanga

DIE WELT 1937

Ein vermeintlich normales Jahr und doch ein so besonderes: 1937 wurde gearbeitet, gekämpft, geforscht, geboren und gestorben – wie in jedem Jahr. Doch die Welt rückte in diesen zwölf Monaten der Katastrophe eines weiteren Weltkriegs ein Stück näher. Internationale Konflikte, Massaker und Verfolgung kündeten bereits von Abgründen der Zivilisation in bislang unbekanntem Maße.

Das Jahr 1937 beginnt im Zeichen der andauernden Weltwirtschaftskrise und des erstarkenden Faschismus. Die Fronten zwischen autoritären und demokratischen Regierungen verhärten sich dramatisch. In einigen Ländern verbünden sich sozialistische und linksbürgerliche Parteien in Volksfronten zum Kampf gegen die faschistische Bedrohung.

In Spanien und Ostasien toben bereits Kriege – Generalproben des künftigen Waffengangs der Welt, der die Menschen mehrere Jahre des Friedens berauben wird. In den Spanischen Bürgerkrieg greifen Italien und Deutschland durch Freiwilligenverbände auf Seiten der rechtskonservativen Putschisten unter General Franco ein, die Sowjetunion und Internationale Brigaden der sozialrevolutionären Weltbewegung unterstützen die republikanische Regierung. Ein Luftangriff der deutschen Legion Condor am 26. April 1937 auf die baskische Stadt Guernica zerstört in wenigen Stunden etwa 80 Prozent aller Gebäude und tötet über 1600 Menschen. Guernica wird zum Symbol einer neuen Dimension der Kriegsführung gegen die Zivilbevölkerung.

< Die Fronten verhärten sich: Bei der Pariser Weltausstellung (Mai 1937) stehen sich der deutsche und der sowjetische Pavillon dramatisch gegenüber.

In der Sowjetunion richten sich die politischen Verfolgungen nun auch gegen die Armeeführung und erreichen in den Monaten Mai und Juni einen neuen Höhepunkt. Der »Rote Napoleon«, Marschall Tuchatschewski, wird auf Befehl Stalins verhaftet, in einem Schauprozess zum Tode verurteilt und erschossen. Der »Fall Tuchatschewski« ist der Auftakt zu blutigen Säuberungen innerhalb der Roten Armee, in deren Verlauf drei Marschälle, 13 Generäle und cirka 5000 Offiziere hingerichtet werden. Unterdessen findet der größte Widersacher des sowjetischen Diktators, Lev Trotzki, im Haus der mexikanischen Malerin Frida Kahlo in Mexiko-Stadt Asyl. 1929 ist er aus der Sowjetunion, danach auch aus der Türkei, Frankreich und Norwegen ausgewiesen worden. In Mexiko setzt er die Agitation gegen Stalin fort, was ihn drei Jahre später das Leben kosten wird.

In den USA tritt Franklin Delano Roosevelt am 19. Januar 1937 seine zweite Amtszeit als Präsident der Vereinigten Staaten an. In einer Rede vom 5. Oktober in Chicago nimmt er gegen die Diktaturen in Europa und Japan Stellung. Er fordert, Staaten mit expansiver Außenpolitik unter »Quarantäne« zu stellen und sie so durch Isolierung einzudämmen. Eine ganz andere Politik wird dagegen in London betrieben, wo am 28. Mai der Konservative Arthur Neville Chamberlain das Amt des britischen Ministerpräsidenten antritt. Seine Politik des *Appeasement* (»Beschwichtigungspolitik«) gegenüber dem Deutschen Reich löst im britischen Parlament heftige Auseinandersetzungen zwischen Regierung und Opposition aus.

Die am 25. Mai im Pariser Palais de Chaillot eröffnete Weltausstellung wird durch die wachsende Macht der Diktaturen, insbesondere Deutschland und die Sowjetunion, geprägt, die in Paris mit monumentaler Architektur auf sich aufmerksam machen. Die Konfrontation des deutschen und des sowjetischen Pavillons am Seine-Ufer widerspricht dem Ziel der Ausstellung, die friedliche Zusammenarbeit der Nationen zu fördern. Glanzstück hingegen ist der spanische Pavillon, von der Kritik als Meisterstück avantgardistischer Kunst bezeichnet. Unter den zahlreichen Beiträgen berühmter spanischer Künstler wie Miró, Calder und Buñuel, ragt Pablo Picassos Gemälde *Guernica* heraus – ein großes Gemälde zur Erinnerung an die Zerstörung der baskischen

Stadt, das zum Sinnbild für alle Kriegsgräuel des 20. Jahrhunderts werden soll.

Für Gräuel sorgen im Fernen Osten die Truppen des japanischen Kaisers Hirohito. Im am 7. Juli 1937 ausgebrochenen Zweiten Japanisch-Chinesischen Krieg können die Japaner erst Mitte November die blutige Schlacht um Shanghai für sich entscheiden. In der Stadt Nanking, bombardiert und von Bodentruppen besetzt, beginnt am 13. Dezember ein drei Wochen andauerndes Massaker, bei dem mehr als 300 000 chinesische Zivilisten ermordet werden. Die Bilder des berühmten Kriegsreporters Robert Capa, die das Leiden der chinesischen Bevölkerung dokumentieren, gehen um die Welt.

In Palästina halten die Auseinandersetzungen zwischen Zionisten, Arabern und Briten an, verschärft durch die Judenverfolgungen in Deutschland. Im Juli 1937 schlägt die von den Briten eingesetzte Peel-Kommission erstmals die Teilung Palästinas in einem arabischen und einem jüdischen Staat vor. Die Zionisten verwerfen auf ihrem Weltkongress vom 11. August in Basel den Teilungsplan und bekräftigen den Anspruch auf eine Heimstätte im Heiligen Land. Selbst angesichts der verschärften Verfolgung im Deutschen Reich behält ein Großteil der europäischen Juden dem Zionismus gegenüber auch weiterhin eine ablehnende Haltung.

Ende Februar bekräftigt die schweizerische Frauenstimmrechtbewegung einem Weltkongress in Zürich das Recht der Frauen auf Erwerbstätigkeit. Zur gleichen Zeit setzt sich eine internationale Kampagne für die Freilassung des todkranken italienischen Kommunisten Antonio Gramsci ein, der seit zehn Jahren eingekerkert ist. Der Schriftsteller und Theoretiker des Sozialismus stirbt am 27. April 1937 in Rom, nur wenige Tage nach seiner Freilassung, an den Folgen der Haft.

Doch es geschieht auch Erfreuliches. Walt Disney gelingt der Marktdurchbruch mit dem ersten abendfüllenden Zeichentrickfilm *Schneewittchen und die sieben Zwerge*. Der Amerikaner Chester F. Carlson und sein Assistent Otto Kornei erfinden das Kopierverfahren der Xerographie und in England baut Sir Frank Whittle das erste funktionierende Düsentriebwerk. Ein russischer Physiker namens Pyotr Leonidovich Kapiza entdeckt die Superfluidität, sprich: den Zustand einer Flüssigkeit, bei der sie jede innere Reibung verliert. Am Eingang zur Bucht von San Francisco in Kalifornien wird am 27. Mai die längste Hängebrücke der Welt eröffnet, die Golden Gate Bridge. Der Franzose Roger Lapébie gewinnt im Juli die 31. Tour de France. Paul Klee malt die *Revolution des Viadukts*, Carl Hofer den *Mann in Ruinen* und Pablo Picasso die *Weinende Frau*. Anna Seghers schreibt *Die Rettung*, Ernst Hemingway *Haben und Nichthaben*.

Und Deutschland? Die Rede von US-Präsident Roosevelt am 5. Oktober 1937, in dem er von der Notwendigkeit spricht, Staaten mit expansiver Außenpolitik – die Achsenmächte – »unter Quarantäne« zu stellen, ist nicht der einzige Alarmruf gegen den Hitlerstaat. Nach der vatikanischen Enzyklika »Mit brennender Sorge«, tritt auch die internationale Schriftstellervereinigung PEN-Club bei ihrem Pariser Kongress im Juni mit einer Botschaft gegen die Verfolgungen in Deutschland an die Öffentlichkeit. Trotz aller Friedensbeteuerungen fürchtet die Welt die Gewaltbereitschaft der deutschen Machthaber, sowohl im Innern, beim Aufbau einer undemokratischen, rassistischen Gesellschaft, als auch nach außen. Durch gewagte Coups (Annektion des Saarlands und des Rheinland, Einführung der allgemeinen Wehrpflicht) hat das Deutsche Reich seine volle politische Aktionsfreiheit unter den Nationen zurückerobert. Die Popularität der Nationalsozialisten steigt, ihre Macht im Land scheint unerschütterlich. Der Expansionsdrang von Hitlers Außenpolitik ist unmissverständlich, doch noch immer hat sich das »Dritte Reich« – abgesehen vom Mord an dem österreichischen Bundeskanzler Engelbert Dollfuß beim Wiener NS-Putsch 1934 – an seine Grenzen gehalten. Die Welt schaut besorgt auf das Zentrum der nationalsozialistischen Macht – auf Berlin.

^ *Potsdamer Platz Ecke Leipziger Straße: Besorgt schaut die Welt 1937 auf Berlin – auf Hitlers Hauptstadt.*

20

»EINE ANGELEGENHEIT DES GANZEN VOLKES«

DIE REICHSTAGSSITZUNG VOM 30. JANUAR 1937

Am frühen Morgen eines kalten Januarsamstags im Jahr 1937 wird Berlin von Musik und Gesängen geweckt. Spielmannszüge der SA marschieren durch die Straßen der Hauptstadt und stimmen alte Kampflieder der nationalsozialistischen Bewegung an: Auftakt eines Festtages, eines der vielen in diesem von außerordentlichen Großinszenierungen geprägten Jahr.

Berlin – die Stadt, in der das Ringen um die Macht in Deutschland für die NSDAP am schwersten und auch am blutigsten verlief und wo schließlich die Entscheidung in diesem Kampf gefallen war – steht im vollen Fahnenschmuck. Es ist der 30. Januar, und das Reich feiert den vierten Jahrestag der »nationalen Erhebung«, der Machtergreifung durch die NSDAP.

Die Schlagzeilen aller Tageszeitungen stimmen überein. Ihre Seiten quellen von feierlichen Meldungen, Glückwünschen und Danksagungen an den »Führer« buchstäblich über. »Es war für mich der stolzeste Tag meines Lebens«, erinnert sich Reichsluftfahrtminister Hermann Göring in einem Leitartikel des *Völkischen Beobachters*, »als ich dem Führer im Kaiserhof melden konnte, dass die Macht nun endgültig und für immer in seinen Händen liegt. Damit war die Voraussetzung geschaffen für den Wiederaufstieg des deutschen Volkes.« In einem weiteren Leitartikel bestätigt Propagandaminister Joseph Goebbels: »Ein seit Jahrzehnten durch [...] politischen Brudermord zerrissenes und den Feindmächten wehrlos preisgegebenes Volk bekannte sich zu einer neuen

< Ehemaliges Marionetten-Theater als Kulisse für Hitlers Scheinparlament: Seit dem Reichstagsbrand 1933 war die Kroll-Oper die Tagungsstätte der deutschen Abgeordnetenversammlung.

Sonderausgabe
50. Jahrg. · Einzelpreis 10 Pf.

Sonderausgabe
München, Sonntag, 31. Januar 1937

VÖLKISCHER BEOBACHTER

Kampfblatt der national-sozialistischen Bewegung Großdeutschlands

Deutschland nach vier Jahren

In der machtvollen, festverwurzelten Volksgemeinschaft, zu der die starke Hand des Führers das deutsche Volk in den vier Jahren nach der Machtergreifung zusammengeschweißt hat, beging die Nation den Erinnerungstag an die völkische Erhebung

Adolf Hitlers Ehrentag

Der Reichstag hat die dem Führer 1933 übertragenen Vollmachten um weitere vier Jahre verlängert

Die Sitzung des Reichstags

Generaloberst Göring wieder als Reichstagspräsident gewählt

Der Führer spricht

heroischen Weltanschauung. Es konnte seinem inneren Zerfall Einhalt gebieten, die Zeiten der Knechtschaft zerbrechen und sich als neu erstandene Nation der Kraft und der Ehre im Konzert der Völker die Gleichberechtigung zurückerobern.«

Nur der düster bewölkte Himmel über der Reichshauptstadt passt nicht zu der strahlenden Euphorie der Machthaber. Der 30. Januar gehört zu den wichtigsten Festtagen des nationalsozialistischen Kalenders. Diesmal jedoch ist der Jahrestag für das Regime von besonderer Bedeutung: Vier Jahre hatte Hitler sich 1933 erbeten, um Deutschland aus Elend und Zwietracht herauszuziehen. Vier Jahre sind nun um.

^ *»Adolf Hitlers Ehrentag«: Die Reichstagssitzung am 30. Januar 1937 ist eine meisterliche Vorstellung des im NS-Deutschland betriebenen Scheinparlamentarismus.*

Die Bilanz, welche die Nationalsozialisten in diesem Januar 1937 ziehen, gleicht einem Triumph, und dieser Triumph soll entsprechend gefeiert werden – mit einer Inszenierung der politischen Folgerichtigkeit und Glaubwürdigkeit, bei der sich die Identifikation zwischen Volk und Regime herausstellen lässt. Dabei scheint die Menschenmenge, die sich an diesem Tag trotz des kalten Windes auf den Straßen des Berliner Regierungsviertels versammelt und Hitler mit Jubel auf seiner Fahrt zur Kroll-Oper begleitet, willig die ihr zugedachte Rolle zu spielen.

^ *Überwältigender Enthusiasmus im Olympiastadion: Hitler ist auf Erfolgskurs, die Identifikation zwischen Bevölkerung und Regime ist so hoch wie noch nie.*

»DIE WORTE DES FÜHRERS AUF ÄTHERWELLEN IN DIE LUFT«

Im Mittelpunkt des 30. Januar 1937 steht die Reichstagssitzung – eine meisterliche Vorstellung des im »Dritten Reich« betriebenen Scheinparlamentarismus. Zwar haben die Nationalsozialisten die parlamentarische Demokratie beseitigt, jedoch nicht das Parlament gänzlich abgeschafft. Nach dem Brand des Reichstags im Februar 1933 ist die Kroll-Oper am Königsplatz (heute Platz der Republik), gegenüber dem Reichstagsgebäude, zur Tagungsstätte einer Nationalversammlung umgebaut worden, die nur noch aus NSDAP-Abgeordneten besteht. Nach der Zerschlagung des deutschen Parteiensystems und der Verabschiedung des »Gesetzes gegen die Neubildung von Parteien« im Juli 1933, das der NSDAP die Monopolstellung der allein zugelassenen Partei zusprach, tagte der deutsche Reichstag bis April 1942 insgesamt nur 18 Mal. Bei diesen wenigen Sitzungen hatte die Versammlung keine andere Funktion als die, durch Zuruf die inszenierte Einstimmigkeit der Nation mit den Regierungserklärungen zu erkennen zu geben.

Am 30. Januar 1937 findet die erste Sitzung nach der Reichstagswahl von 29. März 1936 statt, der dritten von insgesamt vier Wahlen während der Zeit des »Dritten Reichs«. Die Wahl von 1936 ist laut Hermann Göring »die gewaltigste, die die Geschichte der Demokratie, aber auch die Geschichte der deutschen Verfassung bisher gekannt hat. Eine überwältige Mehrheit, das ganze Volk, über 99 Prozent, ein nie dagewesenes Bekenntnis, hat sich zu dem einen Mann, dem Führer, bekannt.« Demokratisch war diese Wahl mit

Sicherheit nicht: Es durfte nur für Kandidaten der NSDAP gestimmt werden, die in einer Einheitsliste zusammengeschlossen waren. Vor den Wahllokalen waren außerdem SA-Männer postiert.

Die Kroll-Oper war am 23. März 1933 Schauplatz der Selbstentmachtung des deutschen Parlaments durch die Zustimmung zum sogenannten Ermächtigungsgesetz gewesen. Das »Gesetz zur Behebung der Not von Volk und Reich« war befristet bis zum 1. April 1937. Konnte es eine bessere Gelegenheit geben, das Gesetz, das den »Führer« dazu ermächtigte, verfassungsändernde Gesetze auch ohne die Beteiligung des Parlaments zu erlassen, also die Grundlage seiner diktatorischen Macht, feierlich zu verlängern? Alle 741 Reichstagsabgeordneten sitzen schon auf ihren Bänken, als Hitler um 12 Uhr die Reichskanzlei verlässt. Die Straßen im Regierungsviertel und der Königsplatz sind für den allgemeinen Verkehr gesperrt und werden von der SS und der Leibstandarte »Adolf Hitler« freigehalten. Zwölf Feldküchen schenken Fleischbrühe und Tee für die an den Straßenrändern versammelten Berliner aus.

Nur einige wenige hundert »glückliche Karteninhaber« – so der *Völkische Beobachter* in einem Bericht – dürfen der Reichstagsitzung beiwohnen. Für die anderen »Volksgenossen« sind auf dem Vorplatz etwa fünfzig Lautsprecher aufgestellt worden, die in Erwartung des »Führers« zunächst Marschmusik übertragen. »Reichstagssitzungen« – so die NSDAP-Parteizeitung weiter – »sind im nationalsozialistischen Deutschland [...] eine Angelegenheit des ganzen Volkes geworden. Das gilt im besonderen Maße von der heutigen Sitzung am vierten Jahrestag der Machtübernahme durch den Nationalsozialismus.« Alle Menschen in Betrieben, Lokalen, auf den Straßen und in ihren Wohnungen überall in Berlin wie in ganz Deutschland sollen die Sitzung und vor allem Hitlers Rede verfolgen und »Zeuge dieser wichtigen Stunde« werden.

Der Ablauf der Sitzung ist in allen Details wie ein Bühnendrama vorbereitet worden. Zwischen den Fenstern der Kroll-Oper wallen Hakenkreuzbanner herab, das Portal ist mit Tannengrün und roten Tüchern zu einer Art pompöser Ehrenpforte umgestaltet worden. Der Reichsbeauftragte für künstlerische Formgebung, Professor Schweitzer, hat sich

Norddeutsche Ausgabe / Ausgabe A

Ausgabe A / Norddeutsche Ausgabe

Berlin, Sonnabend, 30. Januar 1937

VÖLKISCHER BEOBACHTER

Kampfblatt der national-sozialistischen Bewegung Großdeutschlands

Vier Jahre nationalsozialistisches Deutschland

Adolf Hitlers Werk – Freiheit, Friede!

Der Führer: „Wir wollen verwirklichen ein Volk und ein Deutsches Reich!“

Ministerpräsident Generaloberst Göring:

Der Dank an den Führer

Unermüdliche Arbeit, restloser Einsatz für Deutschland

Reichsminister Dr. Joseph Goebbels:

Vier Jahre Hitler-Deutschland

Der 30. Januar

Von Alfred Rosenberg

Führende Politiker des Auslandes schreiben heute im „VB.“

um die Ausschmückung des Sitzungssaals gekümmert. Hinter dem Präsidentenstuhl prangt auf roter Bespannung das neue Reichshoheitszeichen, der von Hitler selbst entworfene Reichsadler, mit einer Flügelspannweite von elf Metern.

Auf dieser Bühne erscheint um 13 Uhr der »Führer«. Die Reichstagssitzung wird von Hermann Göring eröffnet. »Durch Zuruf«, so der Chronist des *Völkischen Beobachters*, wird er als Reichstagspräsident einstimmig wiedergewählt. Anschließend steht die Erneuerung des Ermächtigungsgesetztes auf der Tagesordnung. Nach einer kurzen Erklärung von Reichsinnenminister Wilhelm Frick, der die Verlängerung als »einfache Ehrenpflicht der Dankbarkeit und Beweis unerschütterlichen Vertrauens zum Führer« bezeichnet, wird

^ *»Dank an den Führer«: Der vierte Jahrestag ihres Machtantritts ist für die Nationalsozialisten Anlass einer Inszenierung ihrer politischen Glaubwürdigkeit.*

auch dieses Gesetz »durch Erstehen von den Plätzen einstimmig« um weitere vier Jahre verlängert.

Das Ermächtigungsgesetz wird später nochmals erneuert werden. Der damit verhängte Ausnahmezustand, der die Rechtssicherheit des Einzelnen faktisch aufhob, wird bis zum Zusammenbruch im Mai 1945 Verfassungswirklichkeit darstellen.

Schließlich erteilt Reichstagspräsident Göring dem »Führer und Reichskanzler« das Wort. Von seinem Rednerpult vor dem riesigen Reichsadler setzt Hitler zu einem Rückblick auf die vergangenen vier Jahre an: Die Machtergreifung sei kein einfacher Regierungswechsel, erklärt er, sondern eine »Revolution der Revolutionen«.

Wer kann dieses heutige Deutschland noch vergleichen mit dem, was an diesem 30. Januar heute vor vier Jahren bestand, da ich zu dieser Stunde den Eid in die Hand des ehrwürdigen Herrn Reichspräsidenten abgelegt habe? [...] Im Dienste des Sieges dieser [nationalsozialistischen] Idee stand nun vier Jahre lang die deutsche Gesetzgebung. [...] In wenigen Wochen waren die staatlichen Rückstände sowohl als die gesellschaftlichen Vorurteile einer 1000jährigen Vergangenheit in Deutschland ausgeräumt und beseitigt worden.

Hitler beschränkt sich nicht darauf, das Geleistete zu preisen. In seiner Regierungserklärung gibt er auch die Ernennung von Albert Speer zum »Generalbauinspektor für die Reichshauptstadt Berlin« sowie die Auslobung eines »Nationalpreises für Kunst und Wissenschaft« bekannt. Mit der Ernennung Speers will sich der Nationalsozialismus Berlin gänzlich und deutlich sichtbar aneignen und es in die würdige Hauptstadt des »tausendjährigen Reichs« verwandeln. Mit der Einführung des Nationalpreises wird allen Deutschen von nun die Annahme des Nobelpreises untersagt.

Am Abend des 30. Januar 1937 wird der Fackelzug der SA durch das Brandenburger Tor am Tag der Machtergreifung nachgestellt. Vom Balkon der Reichskanzlei beobachtet Hitler den Marsch seiner alten Garde. Wenn auch der Geburtsort seiner Bewegung im Süden, in München, liegt – an diesem Tag ist Berlin die Stätte seiner uneingeschränkten Herrschaft.

28

NEUES JAHR, NEUE VERFASSUNG

DAS GESETZ ÜBER DIE VERFASSUNG UND VERWALTUNG DER REICHSHAUPTSTADT

Das Jahr ihres 700. Geburtstags beginnt für die Stadt Berlin mit einer Veränderung ihrer Verfassung. Das am 1. Dezember 1936 von der Reichsregierung verabschiedete »Gesetz über die Verfassung und Verwaltung der Reichshauptstadt Berlin« tritt am 1. Januar 1937 in Kraft und macht aus der deutschen Metropole einen »Stadtkreis mit Aufgaben eines Provinzialverbandes«.

Das Amt des Staatskommissars, das die Nationalsozialisten im März 1933 bei der Absetzung des Berliner Magistrats geschaffen hatten, wird in das des Stadtpräsidenten umgewandelt und mit dem Amt des Oberbürgermeisters zusammengelegt. An die Spitze der Berliner Gemeindeverwaltung tritt nun ein »Oberbürgermeister und Stadtpräsident«, der als »Führer der Gemeinde« sowie als Leiter der staatlichen Verwaltung eine Doppelfunktion ausübt.

Gewiss ist dies nicht die erste Veränderung der Stadtverfassung, die Berlin in seiner Geschichte erlebt, auch nicht seit der Machtübernahme der Nationalsozialisten im Januar 1933. Für die Reichsregierung bringt dieses neue Berlin-Verfassungsgesetz aber – wie in einem Aufruf vom 8. Januar an die Beamten, Angestellten und Arbeiter der Hauptstadt betont wird – die »seit 1920 in ständigem Fluss befindliche« verfassungsrechtliche Entwicklung zum Abschluss.

Das Gesetz sei »nicht etwa völlig losgelöst von den früher geltenden Bestimmungen«, erklärt Dr. Rudolf Guthoff-Groß, Bezirksbürgermeister von Wedding, in einem Erläuterungsbuch des Gesetzestextes, »sondern knüpft vielfach

< »Berlin soll wieder Vorbild werden«: Das Rote Rathaus in der Königstraße, Regierungszentrum des nationalsozialistischen »Vorzeigegaus« Berlin

an diese an«, zum Beispiel was das Amt des Stadtpräsidenten anginge, »denn einen solchen [...] hat es in Berlin schon

einmal Mitte des 18. Jahrhunderts bis zum Jahre 1809 [...] gegeben.«

Die Bemühungen, die Verfassungsänderung historisch zu begründen, verdecken allerdings, worum es sich hier wirklich handelt. Das neue Berliner Verfassungsgesetz wird erlassen im Rahmen einer der schwerwiegendsten NS-Reformen, und zwar der Deutschen Gemeindeordnung vom 30. Januar 1935. Die damit eingeleitete Reichsreform sollte die aus nationalsozialistischer Sicht »unheilvolle« Teilung Deutschlands in Kleinstaaten überwinden. Dabei setzten die Machthaber die Gleichschaltung der lokalen Städteverwaltungen, die Abschaffung der föderalistischen Struktur der deutschen Länder und eine zentralistische Neuorganisation des Reiches nach dem sogenannten »Führerprinzip«, das den Parlamentarismus abgelöst hat, durch.

In Berlin wird die Reichsreform in Etappen umgesetzt, bildet doch die Stadt aufgrund ihrer traditionellen Selbstverwaltung und ihrer Sonderstellung als Reichshauptstadt eine Ausnahme. Aus Berlin, wo die NSDAP bis 1933 nie die Mehrheit in der Stadtverordnetenversammlung hatte erreichen können, wollen die Nationalsozialisten nicht nur das repräsentative Zentrum ihrer Macht, sondern auch ein »Vorzeigegau nationalsozialistischen Geistes« machen. Was mit dem Inkrafttreten des Verfassungsgesetzes am 1. Januar 1937 einen wirklichen Abschluss erfährt, sind die Bemühungen um die völlige Kontrolle der Verwaltung, die die NSDAP vier Jahre zuvor in Berlin begonnen hatte – mit der »Säuberung« des Magistrats von unerwünschten Mitgliedern, der Auflösung des Stadtparlaments sowie der Bezirksverordnetenver-

^ *Die Machthaber im »Gau Groß-Berlin« 1937: v.l.n.r. L. Steeg (Bürgermeister), Dr. J. Lippert, (Stadtpräsident und Oberbürgermeister), Dr. J. Goebbels (Gauleiter), A. Görlitzer (Stellv. Gauleiter), Graf von Helldorf (Polizeipräsident).*

sammlungen und der Einsetzung eines Staatskommissars zur Kontrolle des Oberbürgermeisters.

Auf Städteebene wollten die Nationalsozialisten grundsätzlich die Kontrolle der Kommunen durch die Gaue erreichen, die staatlichen Verwaltungsbezirke, in die das »Dritte Reich« eingeteilt war. Laut Organisationsbuch der NSDAP hat ein Gauleiter für »die gesamte politische, kulturelle und wirtschaftliche Gestaltung aller Lebensäußerungen nach nationalsozialistischen Grundsätzen« sowie »für den Einklang der Gemeindeverwaltung mit der Partei« zu sorgen. Was Berlin angeht, ist dieser »Einklang« mehr als gesichert: Gauleiter von Berlin ist seit 1926 ein Reichsminister, und zwar Dr. Joseph Goebbels, der »Eroberer Berlins für den Führer«.

Durch die Zusammenlegung der Ämter des Stadtpräsidenten und des Oberbürgermeisters zielt das »Gesetz über die Verfassung und Verwaltung der Reichshauptstadt Berlin« darauf, Kompetenzen auf kommunaler Ebene, zum Beispiel die Berufung der Bezirksbürgermeister und Gemeindeangelegenheiten, zusammenzuführen und in ein und dieselbe Hand zu geben. Ein Doppelamt, das es dem Inhaber trotz gravierender Kompetenzeinschränkungen – der Oberbürgermeister war formell dem preußischen Innenministerium unterstellt und faktisch in allen Fragen dem Gauleiter rechenschaftspflichtig – ermöglichte, an die Spitze seines »Vorzeigegaus« Berlin zu treten?

VERFASSUNGS-VERHÄLTNISSE DER STADT BERLIN BIS 1937

1709	Königliche Anordnung zur Schaffung einer Einheitsgemeinde Berlin.
1740	Ein »Rathäusliches Reglement« ordnet die Zusammensetzung und Arbeitsweise der Berliner Stadtverwaltung.
1809	Erstmalige Wahl von Stadtverordneten und eines Berliner Oberbürgermeisters durch die Stadtverordneten.
1850	Neue Berliner Stadtverfassung: Die Stadtverordnetenversammlung wird durch einen Gemeinderat ersetzt.
1853	Neue Städteordnung: Die Stadtverordnetenversammlung wird wieder eingeführt.
1869	Das »Rote Rathaus« wird als Sitz der Berliner Stadtverwaltung eingeweiht.
1896	Berlin scheidet aus der Verwaltungshoheit der Provinz Brandenburg aus.
1920	»Gesetz über die Bildung einer neuen Stadtgemeinde Berlin«: Zusammenschluss Berlins mit sie-

ben umliegenden Städten, 59 Landgemeinden und 27 Gutsbezirken zu »Groß-Berlin«.

1926 Gründung des Parteigaus Berlin der NSDAP.

1931 Ein neues Berlin-Gesetz erhebt den Oberbürgermeister zum »Führer der Verwaltung«.

1933 Absetzung des Berliner Magistrats: Die NSDAP, nun an der Macht, ernennt einen »Staatskommissar von Berlin« mit unbeschränkten Vollmachten.

1934 Erlass des »Gesetzes Groß-Berlin«: Der Oberbürgermeister regiert nicht nur die Stadt als Ganzes, sondern über die Bezirksbürgermeister auch die Verwaltungsbezirke.

1936 Verabschiedung des »Gesetzes über die Verfassung und Verwaltung der Reichshauptstadt Berlin«. Es tritt am 1.1.1937 in Kraft.

GOEBBELS' MANN IM ROTEN RATHAUS

Am 5. Januar ernennt Hitler den bereits amtierenden Staatskommissar Dr. Julius Lippert zum ersten »Oberbürgermeister und Stadtpräsidenten« Berlins.

Die Berliner kennen Lippert spätestens seit dem Dezember 1935. Er leitet faktisch die Amtsgeschäfte des Oberbürgermeisters seit der ehemalige deutschnationale Bürgermeister von Berlin-Lichtenberg, Oskar Maretzky, nach dem Rücktritt von Heinrich Sahm die kommissarische Vertretung des Oberbürgermeisteramtes übernommen hatte. Bald war Maretzky aus der Öffentlichkeit verschwunden – er wird am 31. März 1937 in den Ruhestand versetzt –, wohingegen Lippert, insbesondere aus Anlass der Olympischen Spielen im August 1936, sich als Gestalter des neuen »braunen« Images der Reichshauptstadt profilieren konnte.

In einer Biographie Lipperts von 1934 stellt ihn der Autor, der Stadtverordnete und Pressereferent der Stadt Berlin, Waldemar Wenzel, als »Retter« der Reichshauptstadt vor der »Misswirtschaft und Korruption sozialdemokratischen Bonzentums«. Mit dem Wechsel Lipperts ins Rote Rathaus habe, so Wenzel, »nach der nationalsozialistischen Revolution [...] auch hier in der Verwaltung der Reichshauptstadt nationalsozialistisches Denken und Fühlen seinen Einzug gehalten.« Seine Ernennung zum Berliner Oberbürgermeister scheint nun das in der Biographie behauptete hohe Ansehen Lipperts bei der nationalsozialistischen Führung zu bestätigen. Wer ist dieser ehrgeizige Parteifunktionär, der Berlin »wieder zum Vorbild« machen soll?

Julius Lippert hat niemand geringerem als Joseph Goebbels persönlich seinen politischen Aufstieg zu verdanken. Nach seinem NSDAP-Beitritt 1927 ist der gebürtige Schweizer als wortgewandter Leitartikler beim NS-Kampfblatt *Der Angriff* maßgeblich an Goebbels' »Kampf um Berlin« beteiligt. 1929 sitzt er als NSDAP-Abgeordneter im Berliner Stadtparlament, 1930 übernimmt er den Fraktionsvorsitz – bis zum 14. März 1933, als der preußische Ministerpräsident Hermann Göring ihn ins neu geschaffene Amt des Staatskommissars für die Reichshauptstadt einführt. Lippert wird zum Hauptverantwortlichen für die »Säuberung« der Berliner Stadtverwaltung von »politisch unzuverlässigen Beamten«, also für deren Gleichschaltung. Damit verdient er sich 1937 das Privileg, der erste »Oberbürgermeister und Stadtpräsident« der Geschichte Berlins zu sein.

Julius Lippert fällt innerhalb der Partei allerdings auch wegen seiner Selbstgefälligkeit auf. Er ist ein Karrierist und sein Opportunismus irritiert Goebbels seit Jahren. In seinem Tagebuch bezeichnet ihn der Propagandaminister schon 1929 als »Nützlichkeitsspießer« ohne »Führergeist« und »Flamme«. Dennoch hat Goebbels ihn gefördert: Lippert gilt als »alter Kämpfer«, als Nationalsozialist der ersten Stunde, zudem sind nationalsozialistisch gesinnte, zugleich fachlich kompetente Mitarbeiter knapp. Mit der neuen Stadtverfas-

^ *Königsplatz 6, Sitz des preußischen Innenministeriums: Formell ist Berlins Oberbürgermeister dem Innenminister Preußens, Wilhelm Frick, unterstellt.*

sung sieht das Berliner Stadtoberhaupt seine Machtposition erheblich ausgebaut, doch er versucht auch weitere Zuständigkeiten wie etwa die Bau- und Finanzdirektion der Reichshauptstadt, an sich zu ziehen. Das verstärkt den Unmut Goebbels', der im September 1937 in seinem Tagebuch klagt, »Berlin [sei] bei Lippert in den schlechtesten Händen«.

Die Meinung des »Führers und Reichskanzlers« unterscheidet sich im Wesentlichen nicht von der des Berliner Gauleiters. Gegenstand der großen Unzufriedenheit Hitlers dem Oberhaupt »seiner« Reichshauptstadt gegenüber sind die Umbaupläne für Berlin, für die sich Lippert angeblich nicht erwärmen kann. »Zunächst zeigte Hitler lediglich Verdruss«, erinnert sich Albert Speer nach dem Krieg, »und meinte, Lippert sei kleinlich, unfähig, eine Weltstadt zu regieren, noch unfähiger, die ihr zugedachte geschichtliche Bedeutung zu verstehen. Im Laufe der Zeit indessen steigerten sich diese Bemerkungen: ›Lippert ist ein Nichtskönner, ein Idiot, ein Versager, eine Null.‹«

Tatsächlich hat Lippert einige Vorbehalte gegen die gewaltigen Stadtumbaupläne, zum Beispiel was das Wohnungsproblem angeht. In erster Linie aber empfindet er die Übermacht der im Januar 1937 eingerichteten Dienststelle Speers für die Berliner Stadtverwaltung, sprich: seine Machtposition, als demütigend. Sich mit Speer anzulegen, ist sein großer Fehler. Als sich Lippert im Sommer 1940 einer Anordnung Speers widersetzt, nutzt dieser die Abneigung Hitlers gegen den Berliner Stadtpräsidenten aus. In Speers *Erinnerungen* heißt es: »Im Anschluss an einen Spaziergang vom Berghof zum Teehaus, auf dem er sich erneut erregt über Lippert geäußert hatte, ließ er sich mit Goebbels verbinden und befahl ihm kategorisch die Ablösung seines Oberbürgermeisters.«

^ *Der erste »Oberbürgermeister und Stadtpräsident« Berlins, Julius Lippert: Sein opportunistisches Karrierestreben irritierte Hitler und Goebbels.*

38

»DAS WORT AUS STEIN«

DER UMBAU BERLINS ZUR »WELTHAUPTSTADT GERMANIA«

In seiner Rede zum vierten Jahrestag der Machtergreifung in der Kroll-Oper gibt Hitler die Ernennung Albert Speers zum »Generalbauinspektor für die Reichshauptstadt« (GBI) bekannt. Der »Architekt des Führers« wird dafür sorgen, in »das Chaos der Berliner Bauentwicklung jene große Linie zu bringen, die dem Geist der nationalsozialistischen Bewegung und dem Wesen der Reichshauptstadt gerecht wird.« Mit anderen Worten soll Albert Speer den Gesamtbauplan für eine radikale Neugestaltung Berlins erarbeiten. Dafür wird eine Behörde geschaffen, die, mit beträchtlicher Machtfülle ausgestattet, unmittelbar dem »Führer« untersteht.

Die Anpassung der Reichshauptstadt an die »Größe ihrer Mission« – so Hitler – eilt: Nur wenige Tage nach der Einsetzung Speers fordert Hitler den Reichserziehungsminister Bernhard Rust auf, das ehrwürdige Gebäude der Preußischen Akademie der Künste am Pariser Platz 4 unverzüglich zu räumen. Noch im Februar wird das Vordergebäude für Speer freigemacht. Bis Frühjahr 1938 sollen auch die rückwärtigen Ausstellungssäle und Archivbereiche geräumt werden.

Die schnelle Unterbringung der Behörde an einer so bedeutenden Adresse beweist, neben der Vielzahl der ihr eingeräumten Vollmachten, nicht nur die große Bedeutung, die Speers neuem Amt beigemessen wird, sondern sie hat auch einen anderen, praktischen Grund. Hitler kann jederzeit, von der Öffentlichkeit unbemerkt, von der Reichskanzlei am Wilhelmplatz durch die Ministergärten dorthin gelangen – was er von nun an auch oft tun wird.

< »Mit dieser Stadt Berlin ist nichts anzufangen.« Oder doch? Hitler und Speer arbeiten im neu geschaffenen GBI am Pariser Platz an die Umgestaltung der Hauptstadt.

An den Umgestaltungsplänen Berlins zur künftigen »Welthauptstadt Germania« arbeitet Speer unter Geheimhaltung bereits seit mehreren Monaten in seinem Privatbüro in der Lindenallee 18 in Charlottenburg. »Im Frühjahr 1936 besichtigte Hitler mit mir eine Teilstrecke der Autobahn«, erinnert sich Speer nach dem Krieg, »im Gespräch ließ er die Bemerkung fallen: ›Einen Bauauftrag habe ich noch zu vergeben. Den größten von allen.‹ Bei dieser Andeutung blieb es. [...] Gelegentlich skizzierte er wohl einige Ideen zur Gestaltung Berlins, aber erst im Juni zeigte mir Hitler einen Plan des Berliner Stadtzentrums [...]. Bis zum Sommer 1936 hatte Hitler offenbar die Absicht gehabt, die Berliner Pläne durch die Stadtverwaltung bearbeiten zu lassen. Jetzt ließ er mich kommen und übergab mir kurzerhand und ganz unfeierlich den Auftrag: ›Mit dieser Stadt Berlin ist nichts anzufangen. Von jetzt an machen Sie den Entwurf. Nehmen Sie diese Zeichnung mit. Wenn Sie etwas fertig haben, zeigen Sie es mir. Dafür habe ich, wie Sie wissen, immer Zeit.‹«

Kernstück der Neugestaltung ist die Nord-Süd-Achse, eine rund 3,5 Kilometer lange, 120 Meter breite Prachtstraße mit Verwaltungsbauten zu beiden Seiten, einem neuen Bahnhof am südlichen Ende der Achse und einem überdimensionalen Triumphbogen und der »Großen Halle« am nördlichen Ende der Achse mit Platz für 150 000 Menschen.

»Zur Verwirklichung dieser Pläne«, so Speer, »erließ Hitler durch Staatssekretär Lammers eine Verordnung, die mir weitgehende Vollmachten einräumte und mich ihm unmittelbar unterstellte. Weder der Innenminister noch der Berliner Oberbürgermeister oder der Berliner Gauleiter Goebbels sollten mir gegenüber weisungsbefugt sein. Er enthob mich sogar ausdrücklich der Verpflichtung, Stadt und Partei von meinen Plänen zu unterrichten. [...] Staatssekretär Lammers fand eine rechtliche Konstruktion, die der Abneigung gegen eine beamtete Position entsprach; meine Dienststelle bekam keinen Behördencharakter, sondern wurde wie ein großes unabhängiges Forschungsinstitut behandelt.« Faktisch ist das GBI den Reichsministerien gleichgestellt, Speer wird der Rang eines Staatssekretärs der Reichsregierung zugesprochen, was ihm im Alter von nur 32 Jahren erlaubt, »neben Dr. Todt [Fritz Todt, Generalinspektor für das Stra-

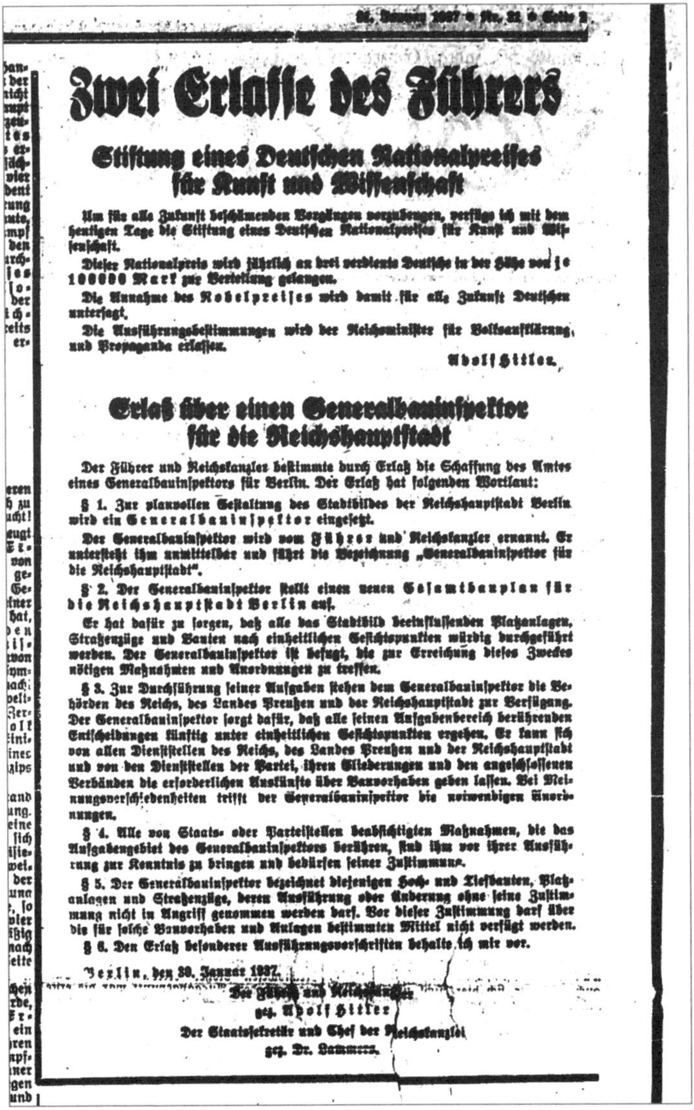

Zwei Erlasse des Führers

Stiftung eines Deutschen Nationalpreises für Kunst und Wissenschaft

Um für alle Zukunft beschämenden Vorgängen vorzubeugen, verfüge ich mit dem heutigen Tage die Stiftung eines Deutschen Nationalpreises für Kunst und Wissenschaft.

Dieser Nationalpreis wird jährlich an drei verdiente Deutsche in der Höhe von je 100000 Mark zur Verteilung gelangen.

Die Annahme des Nobelpreises wird damit für alle Zukunft Deutschen untersagt.

Die Ausführungsbestimmungen wird der Reichsminister für Volksaufklärung und Propaganda erlassen.

Adolf Hitler.

Erlaß über einen Generalbauinspektor für die Reichshauptstadt

Der Führer und Reichskanzler bestimmte durch Erlaß die Schaffung des Amtes eines Generalbauinspektors für Berlin. Der Erlaß hat folgenden Wortlaut:

§ 1. Zur planvollen Gestaltung des Stadtbildes der Reichshauptstadt Berlin wird ein Generalbauinspektor eingesetzt.

Der Generalbauinspektor wird vom Führer und Reichskanzler ernannt. Er untersteht ihm unmittelbar und führt die Bezeichnung „Generalbauinspektor für die Reichshauptstadt".

§ 2. Der Generalbauinspektor stellt einen neuen Gesamtbauplan für die Reichshauptstadt Berlin auf.

Er hat dafür zu sorgen, daß alle das Stadtbild beeinflussenden Platzanlagen, Straßenzüge und Bauten nach einheitlichen Gesichtspunkten würdig durchgeführt werden. Der Generalbauinspektor ist befugt, die zur Erreichung dieses Zweckes nötigen Maßnahmen und Anordnungen zu treffen.

§ 3. Zur Durchführung seiner Aufgaben stehen dem Generalbauinspektor die Behörden des Reichs, des Landes Preußen und der Reichshauptstadt zur Verfügung. Der Generalbauinspektor sorgt dafür, daß alle seinen Aufgabenbereich berührenden Entscheidungen künftig unter einheitlichen Gesichtspunkten ergehen. Er kann sich von allen Dienststellen des Reichs, des Landes Preußen und der Reichshauptstadt und von den Dienststellen der Partei, ihren Gliederungen und den angeschlossenen Verbänden die erforderlichen Auskünfte über Bauvorhaben geben lassen. Bei Meinungsverschiedenheiten trifft der Generalbauinspektor die notwendigen Anordnungen.

§ 4. Alle von Staats- oder Parteistellen beabsichtigten Maßnahmen, die das Aufgabengebiet des Generalbauinspektors berühren, sind ihm vor ihrer Ausführung zur Kenntnis zu bringen und bedürfen seiner Zustimmung.

§ 5. Der Generalbauinspektor bezeichnet diejenigen Hoch- und Tiefbauten, Platzanlagen und Straßenzüge, deren Ausführung oder Änderung ohne seine Zustimmung nicht in Angriff genommen werden darf. Vor dieser Zustimmung darf über die für solche Bauvorhaben und Anlagen bestimmten Mittel nicht verfügt werden.

§ 6. Den Erlaß besonderer Ausführungsvorschriften behalte ich mir vor.

Berlin, den 30. Januar 1937.

Der Führer und Reichskanzler
gez. Adolf Hitler
Der Staatssekretär und Chef der Reichskanzlei
gez. Dr. Lammers.

ßenwesen, d. Verf.] in der dritten Reihe der Regierungsbank« zu sitzen.

Gleich nach der Übergabe seiner Ernennungsurkunde macht sich Speer an den Aufbau seiner neuen Arbeitsstelle.

^ *Der Erlass vom 30. Januar 1937 zur Gründung des GBI für die Reichshauptstadt, veröffentlicht im* Völkischen Beobachter.

Dabei hat die Auswahl der Mitarbeiter Vorrang; seine Personalpolitik darf sich sogar der üblichen Kontrolle der Partei entziehen und rein nach dem Leistungsprinzip richten. Das Personal wird gezielt für bestimmte Posten ausgewählt. Um ausschließlich Mitarbeiter »erster Wahl« zu beschäftigen, erhält Speer die Freiheit, Angestellte übertariflich zu bezahlen. Er, Speer, darf parallel zu seiner Funktion als »Generalbauinspektor » sein privates Architekturbüro weiterführen.

^ *Abschied vom Alten Berlin: Der Abriss der Krögel-Gasse nahe dem Alten Markt war allerdings schon vor dem Ersten Weltkrieg geplant.*

HITLERS »GRÖSSTE BAUAUFGABE«

1937 sieht Hitler die politische Macht im Lande gesichert. Nun kann die Architektur zu einem systemstabilisierenden Faktor gemacht werden.

Der Wunsch nach sinnfälliger Selbstdarstellung entspricht, gerade nach der Verkündung des zweiten Vierjahresplans im Jahr zuvor, den wirtschaftlichen Forderungen der Bauindustrie nach dauernder öffentlicher Bautätigkeit. Damit werden die gewaltigen Umbaupläne Berlins zum wichtigen Bestandteil der nationalsozialistischen Wirtschafts- und Beschäftigungspolitik. Die Ankurbelung der Bauwirtschaft soll möglichst viele Menschen in Lohn und Brot stellen.

Gleichzeitig markieren die Umgestaltungspläne, die, so die Planung, im Jahr 1950 im Rahmen einer Weltausstellung mit der feierlichen Umbenennung Berlins in »Germania« abgeschlossen werden sollen, eine Wende in der nationalsozialistischen Auffassung der Großstadt dar. Die ursprüngliche Großstadtfeindlichkeit, die in Metropolen die »Wurzel allen Übels« gesehen und vor allem auf dem Lande und beim städtischen Kleinbürgertum große Zustimmung gefunden hatte, wird nun durch eine »pragmatischere Einschätzung der Stadt« abgelöst: Die Vier-Millionen-Metropole Berlin ist immerhin einer der wichtigsten Ballungsräume an Produktionsstätten, Arbeitskräftepotential und Absatzmärkten des Reiches.

Doch bleibt die Reichshauptstadt für Hitlers Empfinden ein chaotisches, nicht genug repräsentatives Zentrum: »Ber-

lin ist eine Großstadt, aber keine Weltstadt. Sehen Sie Paris an, die schönste Stadt der Welt! Oder selbst Wien! Das sind Städte mit einem großen Wurf. Berlin aber ist nichts als eine ungeregelte Anhäufung von Bauten. Wir müssen Paris und Wien übertrumpfen«, soll Hitler Speer gegenüber während einer ihrer zahlreichen Besprechungen in der Reichskanzlerwohnung geäußert haben.

Speer stürzt sich in die Arbeit und bringt die Planungen schnell voran, ist sich allerdings darüber im Klaren, welche Probleme sich bei der Realisierung der Großprojekte ergeben werden. »Die städtebauliche Idee Hitlers«, so schreibt er in seinen Erinnerungen, »hatte einen erheblichen Nachteil: sie war nicht zu Ende gedacht.« Hitler hat, laut Speer, »die Struktur der Vier-Millionen-Stadt gänzlich aus den Augen« verloren. Die Nord-Süd-Achse kann »für einen Stadtplaner [...] nur als Kernstück einer städtebaulichen Neuordnung Sinn und Funktion haben. Für Hitler dagegen war sie dekoratives Prunkstück und hatte ihren Zweck in sich selbst.« Darüber hinaus wird »das Berliner Bahnproblem [...] damit nicht gelöst [...]. Der riesige Keil des Gleiskörpers, der die Stadt in zwei Teile trennte, wäre nur einige Kilometer nach Süden verschoben.« Für Schwierigkeiten sorgt zudem Oberbürgermeister und Stadtpräsident Julius Lippert, der Speer bereits im April 1937 auf den Bedarf Berlins an mindestens 100 000 Wohnungen hinweist. Der GBI beschließt ein halbes Jahr später einen Bebauungsplan mit nur 65 000 Woh-

^ *Berlin als Ballungsraum von Industrien und Absatzmärkten: Die traditionelle NS-Großstadtfeindlichkeit galt für diese Metropole nicht.*

nungen, der kurz darauf auf 30 000 korrigiert wird. Davon werden 1938 etwa 12 000 fertiggestellt, mit entsprechenden Folgen für die Masse an Wohnungssuchenden in Berlin.

Die Umgestaltung Berlins zu einer »Welthauptstadt Germania« ist Hitlers »größte Bauaufgabe«. Am 4. November erlässt Speer im Zusammenhang mit dem »Gesetz über die Neugestaltung deutscher Städte« die »Erste Anordnung über die Neugestaltung der Reichshauptstadt Berlin«. Damit ist die rechtliche Grundlage für die Vernichtung ganzer Stadtviertel geschaffen.

Im Herbst 1937 wird ein offener Ideenwettbewerb für die Einrichtung einer Hochschulstadt vom GBI ausgeschrieben, die als westliches Tor der künftigen »Welthauptstadt« zwischen dem Reichssportfeld und der Havel einen monumentalen Charakter haben soll. Auf der Grundlage der Wettbewerbsergebnisse erarbeitet der GBI einen Plan, der ein Ensemble aus Hörsälen und Forschungseinrichtungen aller Fakultäten rund um die Heerstraße vorsieht. Im Mittelpunkt des Komplexes soll ein gewaltiges Auditorium Maximum – die »Langemarckhalle« – errichtet werden. Der Grundstein für die Wehrtechnische Fakultät der Technischen Hochschule zu Berlin am nördlichen Rand des Grunewalds wird am 27. November gelegt.

^ *So stellte sich Oberbürgermeister und Stadtpräsident Julius Lippert die Umgestaltung der Berliner Innenstadt vor.*

»MIT BRENNENDER SORGE«

PÄPSTLICHE ENZYKLIKA UND BEKENNENDE KIRCHE

Am Sonntag, dem 21. März, beschäftigt sich der *Völkische Beobachter* vor allem mit dem Fußballspiel Deutschland gegen Frankreich in Stuttgart sowie mit der Vorankündigung der Berliner Ausstellung »Gebt mir vier Jahre Zeit«, die ab Ende April 1937 in Berlin gezeigt werden soll. Die Vorarbeiten zu dieser großen »Leistungsschau« sind, wie die Berliner in den regelmäßigen Berichten des NSDAP-Organs verfolgen können, im vollen Gange.

An diesem Sonntag wird in allen katholischen Gemeinden Berlins und des Reichs, teils im Hauptgottesdienst, teils in eigens angesetzten Nachmittagsandachten, eine päpstliche Enzyklika verlesen. Sie trägt als Titel – wie bei Enzykliken üblich – ihre Eingangsworte: »Mit brennender Sorge«. Ungewöhnlicherweise wurde sie nicht in lateinischer Sprache verfasst, sondern auf Deutsch.

Das päpstliche Rundschreiben befasst sich mit der aktuellen Situation der Römisch-Katholischen Kirche und ihrer Mitglieder im nationalsozialistischen Deutschland und findet für die Reichsregierung sehr klare Worte. Papst Pius XI. rechnet nicht nur mit der NS-Kirchenpolitik ab, sondern er distanziert sich auch von den ideologischen Grundlagen des Nationalsozialismus, die »die gottgeschaffene [...] Ordnung der Dinge« verkehren.

Dem Deutschen Reich wirft der Heilige Stuhl »Vertragsumgehung« und »Vertragsaushöhlung« des Reichskonkordats von Juli 1933 vor, mit dem sich das Reich dazu verpflichtet hatte, religiöse Rechte wie Bekenntnisfreiheit und

< Achille Ratti alias Papst Pius XI.: Zuerst paktierte er mit Hitler, dann forderte er ihn heraus. Den Krieg sollte er allerdings nicht erleben: Er starb in Rom am 10. Februar 1939.

Freiheit der Religionsausübung zu respektieren sowie das Weiterbestehen von Bekenntnisschulen und von katholischen Verbänden zu garantieren. Dafür hatte der Vatikan auf jeden Eingriff in die innenpolitischen Angelegenheiten Deutschlands verzichtet.

Dem Hitlerregime werden in der Enzyklika zudem eine »grundsätzliche Feindschaft gegen Christus und seine Kirche« und »Machenschaften« vorgehalten, die »von Anfang an kein anderes Ziel kannten als den Vernichtungskampf«. Genauso scharfe Worte findet der Papst für den »Führerkult« und den nationalsozialistischen Grundsatz »Recht ist, was dem Volke nützt«. Die päpstlichen Worte werden in insgesamt über 11 000 katholischen Gemeinden des Reiches verlesen. Die Nachricht davon wird im Ausland sehr schnell bekannt und löst weltweit eine Welle der Solidarität mit den deutschen Katholiken aus.

Mit einer solchen Offensive des Papstes hat die nationalsozialistische Führung nicht gerechnet. Die Gestapo hat erst am Samstagnachmittag von der Enzyklika erfahren, als sie über einen Mitarbeiter einer Münchener Druckerei in den Besitz eines Abzugs gekommen ist. Die Verbreitung des Rundschreibens unter den Augen der Geheimpolizei ist eine organisatorische Meisterleistung gewesen. Am 10. März vom Papst unterschrieben, ist die Enzyklika aus Angst vor einer Beschlagnahmung heimlich nach Deutschland gebracht und am 12. März über den Nuntius in Berlin, Cesare Orsenigo, an die Bischöfe weitergeleitet worden. Jede Diözese hat die Schrift vervielfältigt, meistens durch kirchennahe Druckereien (die geschätzte Gesamtauflage beträgt 300 000 Exemplare), in einigen Fällen auch mit der Schreibmaschine oder handschriftlich. Bis zur Verlesung haben die Pfarrer vieler Gemeinden das Schriftstück im Tabernakel aufbewahrt.

Als noch am Abend des 20. März der stellvertretende Chef der Gestapo, Reinhard Heydrich, in Berlin Goebbels, Himmler und schließlich Hitler informiert, ist es schon zu spät. Die Verlesung kann nicht mehr verhindert werden, ohne dabei eine Kraftprobe mit dem Heiligen Stuhl zu riskieren. Die Polizei wird jedoch angewiesen, jedes Exemplar der Enzyklika außerhalb der Kirchen zu beschlagnahmen, um so wenigstens eine weitere Verbreitung des Textes zu verhin-

Erfolgreicher Tag des deutschen Fußballsports – Auch Luxemburg geschlagen

Der Fußball-Großkampf

Deutschland–Frankreich 4:0

Reichsleiter Hierl beim Abschiedsappell der 160000 Arbeitsmänner
Alfred Rosenberg sprach in Paderborn vor 4700 SA.- und HJ.-Führern

Beide Nationalmannschaften gaben ihr Bestes

Ritterlicher Kampf vor 73000 in Stuttgart

Von unserem nach Stuttgart entsandten Sonderberichterstatter

Das Vorspiel der Flügel

Kein Richten und kein Zwischenfall

Treuepflicht und Reichskonkordat

(Fortsetzung auf Seite 2)

dern. Einige Druckereien, die sich an der Vervielfältigung beteiligt haben, werden auf persönliche Anweisung Hitlers geschlossen und enteignet. Zum Vorwurf des Konkordatsbruchs nimmt die Reichsregierung offiziell nicht Stellung.

Am Montag, dem 22. März sind die Schlagzeilen der Berliner Ausgabe des Völkischen Beobachters ganz dem 4:0-Sieg der deutschen Fußballnationalmannschaft gegen Frankreich gewidmet. Die päpstliche Enzyklika findet in dem NSDAP-Organ keine Erwähnung. Nur ein Redaktionsbeitrag mit dem Titel »Treuepflicht und Reichskonkordat« reagiert auf die Vorwürfe – und zwar in einer Sprache, die den Umgang des »Dritten Reichs« mit internationalen Verträgen sehr deutlich macht:

Treue muss eine absolute Tugend sein, wenn sie sich bezieht auf absolute Werte wie Gott, Volk, Rasse, Ehre und auf Männer, die diese Werte unwandelbar verkörpern. Treue zu wandelbaren und zweitrangigen Werten ist naturnotwendig bedingt und kann unter Umständen gefährlich und unmoralisch werden. Auch die Treue zu einem Vertrag kann nicht immer und in jedem Fall als verpflichtend angesehen werden. [...] Als der Führer und Reichskanzler [...] die kirchlichen

^ *Ausweichstrategie: Am 22. März besetzt Fußball die Schlagzeilen des* Völkischen Beobachters, *für die »brennende Sorge« des Papstes ist kein Platz.*

Rechte zu respektieren versprach, knüpfte er daran die Bedingung und Erwartung, dass »die Arbeit an der nationalen und sittlichen Erneuerung unseres Volkes, die sich die Regierung zur Aufgabe gestellt hat, umgekehrt die gleiche Würdigung erfährt«. Diese Würdigung hat das Dritte Reich seitens der römisch-katholischen Kirchenleitung recht wenig erfahren; im Gegenteil, verantwortliche Oberhirten liefern mit ihren Hirtenbriefen und Predigten dem inländischen Kirchenvolk und dem deutschfeindlichen Ausland Material zu Hetze und Verleumdung gegen das Dritte Reich.

Obwohl die Enzyklika einen Höhepunkt der weltanschaulichen Konfrontation mit dem Nationalsozialismus bildet, ist die Mehrzahl der deutschen katholischen Bischöfe nicht bereit, auf Konfrontationskurs mit dem Hitlerregime zu gehen. Sie bevorzugen eine sogenannte »Eingabepolitik«, in der Hoffnung, so das Leben der Kirche nicht weiter zu erschweren. Und doch ist die Enzyklika auf Drängen eines deutschen Bischofs entstanden, der den Papst zum Aussprechen eines freimütigen, klaren Wortes des Protests bewegen konnte: der Berliner Bischof Konrad von Preysing.

Vor den alltäglichen Behinderungen des kirchlichen Lebens in seinem Berliner Sprengel – unter anderem Ausschaltung der Kirchenpresse, Druck und schikanöse Maßnahmen gegen katholische Verbände, Devisen- und Sittlichkeitsprozesse gegen Geistliche, die Korruption und moralischen Verfall des Klerus beweisen wollten – versucht Preysing schon seit einigen Jahren, zusammen mit seinem Cousin, dem Bischof von Münster, Clemens August Graf von Galen, den deutschen Episkopat von der Notwendigkeit entschiedener öffentlicher Gegenwehr zu überzeugen.

Die deutschsprachige Enzyklika »Mit brennender Sorge«, zu deren Vorbereitung Preysing vom Papst konsultiert wurde, geht über Konfessionsgrenzen hinweg und formuliert nicht nur katholische, sondern allgemeine christliche Positionen. Inhaltliche Gemeinsamkeiten weist sie zum Beispiel mit der sogenannten Barmer Theologischen Erklärung von 1934 auf – der Gründungserklärung der Bekennenden Kirche. In diesem Dokument hat die evangelische Bewegung, die sich in Opposition zu den mit den Nationalsozialisten

Den Sexualverbrechern die Maske herunter!

Kirchen und Klöster zu Lasterstätten erniedrigt

Ekelerregende Tatsachen beweiskräftiger als die Versuchsmanöver des politischen Katholizismus

Sind das Märtyrer?

Brutstätte der Homosexualität

Faules und korruptes System

Sakristei zum Bordell verwandelt

Grauenhafte Einzelheiten

sympathisierenden Deutschen Christen drei Jahre zuvor als »rechtmäßige Evangelische Kirche Deutschlands« proklamierte, die »falsche Lehre« des Nationalsozialismus und dessen totalitäre weltanschauliche Ansprüche durch das alleinige Bekenntnis zu Christus als oberste Instanz verworfen.

Für das Hitlerregime ist die Enzyklika auf politischer Ebene ein viel härterer Schlag, denn sie kann nicht, wie die Barmer Theologische Erklärung, als Stellungnahme einer oppositionellen Bewegung im Rahmen einer innerkirchlichen Auseinandersetzung heruntergespielt werden. Sie ist das autoritätsvolle Wort des Papstes, und in ihr wird die Reichsregierung nicht etwa nur in weltanschaulichen Fragen kritisiert, sondern ihr wird Vertragsbruch vorgeworfen. Das »Dritte Reich« sieht damit seine Glaubwürdigkeit auf internationaler Ebene verletzt.

Obwohl die Fuldaer Bischofskonferenz selbst in der Folge dieser entschiedenen Stellungnahme des Vatikans ihre unwirksame Eingabepolitik nicht aufgibt und sogar eine weitere Protestinitiative des Berliner Bischofs verhindert, macht sich 1937 niemand mehr Illusionen über die wahren Absichten der nationalsozialistischen Politik gegenüber die beiden deutschen Kirchen. Die Zeiten seit der Unterzeichnung des Konkordats von 1933 sowie der Gründung der Bekennenden Kirche 1934 haben sich für alle Christen spürbar verändert.

^ *»Ein Jahr der Offensive gegen die Kirche«: Einer der zahlreichen Hetzartikel gegen Klöster und Kirchengemeinden.*

OFFENSIVE GEGEN DIE KIRCHEN

Bis zum Jahresanfang 1937 haben in der NS-Führung zwei unterschiedliche Auffassungen zur Kirchenpolitik nebeneinander existiert. Die einen haben auf Zeit gesetzt und zumindest taktisch jede frontale Auseinandersetzung mit beiden deutschen Kirchen vermeiden wollen. Andere wollte das Christentum erklärtermaßen durch Rassen- und Führerkult ersetzen und dabei die Kirchen in Deutschland komplett ausschalten.

Selbst Hitler ist sich in dieser Frage nicht sicher, wie Speer später in seinen *Erinnerungen* schildern wird: Er widerspricht sich sogar. Im Kreis seiner politischen Mitarbeiter in Berlin äußert sich der »Führer« sehr scharf gegen die Kirche; bei anderen Gelegenheiten schlägt er mildere Töne an: »Die Kirche ist sicher notwendig für das Volk. Sie ist ein starkes und erhaltendes Element.« Als er erfährt, dass auf Betreiben der Partei und der SS zahlreiche seiner Anhänger aus der Kirche ausgetreten sind, befiehlt er, dass seine wichtigsten Mitarbeiter, vor allem Göring und Goebbels, weiter der Kirche anzugehören haben.

Bis zu Beginn des Jahres 1937 ist es vor allem die evangelische Kirche gewesen, die der Reichsregierung die größten Sorgen bereitet. Die katholische Kirche hat sich mit dem Reichskonkordat zur politischen Neutralität verpflichtet, die Mitglieder der regimefeindlichen Bekennenden Kirche dagegen stellen weiterhin eine potentielle Bedrohung dar. Um die Spaltung der Evangelischen Kirche in Deutschen Christen und Bekennende Kirche zu überwinden und schließlich deren endgültige Gleichschaltung zu erreichen, wurde im Juli 1935 sogar ein neues Ministerium geschaffen – das Reichsministerium für die kirchlichen Angelegenheiten, geleitet vom ehemaligen Präsidenten des Preußischen Landtags, Hans Kerrl.

Reichsminister Kerrl vertritt die Auffassung, dass das Christentum dem Nationalsozialismus nicht grundsätzlich fremd ist und in den NS-Staat eingebunden werden sollte. Aufgrund dieser Ansicht gerät er zunehmend in Konflikt mit der nationalsozialistischen Führung, die zu Beginn des Jahres 1937 allmählich von einer sogenannten »Unterwerfungsperspektive«, die als minimales Ziel die politische Neutralität der Evangelischen Kirche erreichen wollte, zu einer »Vernichtungsperspektive« übergeht.

Kerrl, öffentlich desavouiert und de facto entmachtet, reicht am 12. Februar 1937 seinen Rücktritt ein, sein Gesuch wird allerdings zurückgewiesen. Am 15. Februar ruft Hitler das evangelische Kirchenvolk zur Wahl einer verfassungsgebenden Generalsynode der Deutschen Evangelischen Kirche auf. In der Flugschrift, die in allen evangelischen Gemeinden Berlins kursiert, begründet er dies damit, dass »es dem Reichskirchenausschuss nicht gelungen [sei], eine Einigung der kirchlichen Gruppen der Deutschen Evangelischen Kirche herbeizuführen.« Die Berliner Ausgabe des *Völkischen Beobachters* vom 17. Februar titelt: »Befriedungswerk des Führers für die evangelische Kirche«. Doch zu dieser Kirchenwahl wird es nicht kommen. Die Spaltung der evangelischen Glaubensgemeinschaft ist nicht zu überwinden. In diesem angespannten Klima trifft die Enzyklika des Heiligen Stuhls in Berlin ein.

»Er will die Kirche konservieren, wir wollen sie liquidieren«, bringt Goebbels in seinem Tagebuch die »nicht taktische[n], sondern grundsätzliche[n] Unterschiede«, die den Reichskirchenminister von der Partei trennen, zum Ausdruck. Kerrl bleibt zwar im Amt – er gilt schließlich als alter Parteigenosse –, doch im April wird ihm Staatssekretär Hermann Muhs an die Seite gestellt. Muhs ist bald, neben dem katholischen Priester Joseph Roth und dem Probst Ernst Szymanowski, der starke Mann im Ministerium, der die Führung der laufenden Geschäfte übernimmt.

Das Urteil gegen die katholischen Jugendführer

11 Jahre Zuchthaus für Rossaint

„Wer die innere Geschlossenheit oder äußere Sicherheit des Staates antastet, ist Hochverräter"

Senatspräsident Engert, der Vorsitzende des II. Senats des Volksgerichtshofs des Deutschen Reiches verkündete gestern folgendes Urteil in dem Hochverratsprozeß gegen die katholischen Jugendführer aus Düsseldorf:

Die Angeklagten Klemens, Himmes und Schäfer werden freigesprochen. Die Angeklagten Rossaint und Steber erhalten wegen Vorbereitung eines hochverräterischen Unternehmens unter erschwerenden Umständen folgende Strafen: Rossaint 11 Jahre, Steber fünf Jahre Zuchthaus. Der Angeklagte Jülich erhält wegen Vorbereitung eines hochverräterischen Unternehmens zwei Jahre Zuchthaus, der Angeklagte Kremer wegen Beihilfe zur Vorbereitung eines hochverräterischen Unternehmens ein Jahr sechs Monate Gefängnis.

Rossaint, Steber, Jülich und Kremer werden je vierzehn Monate Untersuchungshaft auf die Strafe angerechnet, die bürgerlichen Ehrenrechte wurden aberkannt Rossaint für zehn Jahre, Steber für fünf und Jülich für zwei Jahre.

Einer ausführlichen Begründung des Urteils stellte Präsident Engert Richtsätze voran, in denen er u. a. erklärte:

Oberstes Gesetz sei das Wohl des Volkes. Wer die innere Geschlossenheit oder die äußere Sicherheit des Staates als der äußeren Erscheinungsform der Volksgemeinschaft anzutasten wage, mache sich der schwersten Verbrechen, des Hoch- oder Landesverrates schuldig. Das Wohl der Volksgemeinschaft sei in jedem Falle über das Wohl des einzelnen zu stellen. Im Rahmen des Konkordats habe auch der katholische Priester die Verpflichtung, die Reichsregierung zu achten und dem deutschen Staate Treue zu leisten. Endlich sei zu berücksichtigen, daß auch die anderen Angeklagten nicht zur Rechenschaft gezogen werden müßten, wenn Rossaint nicht gewesen wäre. Denn diese Angeklagten seien dem geistig überlegenen Priester gefolgt und hätten sich durch ihn zu ihrem hochverräterischen Treiben verleiten lassen.

Die ehemalige Zentrumspartei

[...] zettel anbrachte, die sich gegen den Wehrwillen der Jugend richteten. Ferner sandte er Schreiben zustimmenden Inhalts an den Vorsitzenden der Abrüstungskommission in Genf.

„Abschließend ist festzustellen", so bemerkte der Vorsitzende, „daß dieser katholische Seelsorger Politiker war, der sich nicht lediglich mit kulturpolitischen Fragen beschäftigte, sondern aus seiner starken Ablehnung gegenüber dem Nationalsozialismus ein lebhaftes Interesse für den Kommunismus zeigte."

Die Beziehungen zu den Kommunisten

Anschließend ging der Vorsitzende auf die Beziehungen ein, die Rossaint mit verschiedenen kommunistischen Hetzern, hinauf bis zu dem Spitzenfunktionär Kaiser des ehemaligen Zentralkomitees des kommunistischen Jugendverbandes unterhalten hat, zum Zwecke der Schaffung einer katholisch-kommunistischen Einheitsfront.

Seine Behauptung, daß er die Kommunisten zum katholischen Glauben habe bekehren wollen, sei durch die Beweisaufnahme einwandfrei widerlegt. Erschwerend müßte sich auswirken, daß Rossaint seine hochverräterische Betätigung auch im Ausland betrieben hat.

Bei der Frage der Strafzumessung sei, so führte der Vorsitzende weiter aus, festzustellen, daß die von Rossaints Tätigkeit ausgehende objektive Gefährdung nach der Auffassung des Gerichts ganz außerordentlich groß war.

Die Tätigkeit Rossaints müsse als besonders verwerflich bei einem deutschen Priester angesehen werden. Er habe sich als katholischer Seelsorger mit Dingen beschäftigt, die ihn nichts angingen, und deren Verfolgung ihm nach Wortlaut und Sinn des Konkordats verboten war. Rossaint sei der Typ eines Defaitisten, der auch einen erheblichen Schaden angerichtet habe; denn er habe dazu beigetragen, daß die Seelen von jugendlichen Katholiken ver-

Das Ministerium in Berlin wird geheimpolizeilich durchdrungen. Roth und Szymanowski sind V-Leute für den Sicherheitsdienst der SS. Die kompromisslose kirchenpolitische Linie der Parteikreise um Goebbels, Himmler, Rosenberg und Bormann hat ab jetzt die Oberhand gewonnen. Ende Mai erklärt Joseph Goebbels in einer öffentlichen Rede das Jahr 1937 zum Jahr der Offensive gegen die Kirche. Um im »Kreuzfeuer der sich überschneidenden Totalitätsansprüche von nationalsozialistischem Staat und römischer Kirche« zu siegen, muss die Macht der Kirche gebrochen werden, so Joseph Roth, Leiter der katholischen Abteilung im Reichskirchenministerium, in einem Aktionsplan vom selben Monat.

Tatsächlich ist dies der Auftakt einer entscheidenden Of-

^ *Schauprozess vor dem Volksgerichtshof: Im »Berliner Katholikenprozess« erhält der Priester Joseph Rossaint 11 Jahre Zuchthaus.*

fensive gegen die beiden großen Kirchen in Deutschland. Infolge der Enzyklika werden die zeitweilig gestoppten Devisen- und Sittlichkeitsprozesse gegen katholische Geistliche wieder aufgenommen und für die kirchenfeindliche Propaganda ausgeschlachtet. Priester und Geistliche werden wegen Korruption, Sexualdelikten und Pädophilie angeklagt, Klöster und Kirchengemeinden als Horte der Verdorbenheit diffamiert, um das Bild der Kirche zu diskreditieren.

In einem Schauprozess vor dem Volksgerichtshof in Berlin, dem sogenannten »Berliner Katholikenprozess«, werden im April vier katholische Kirchenmitglieder zu Zuchthausstrafen verurteilt. Der Hauptangeklagte, der Priester Joseph Rossaint, wird eines katholisch-kommunistischen Komplotts zum Sturz Hitlers beschuldigt und erhält am 11. April, nach einer intensiven Hetzkampagne der Presse, eine Haftstrafe von elf Jahren wegen »Vorbereitung eines hochverräterischen Unternehmens«.

Dieser Prozess soll nicht zuletzt in Berlin ein Exempel statuieren, denn die Reichshauptstadt erweist sich als eines der aktivsten Zentren der christlichen Opposition. Neben Bischof Preysing ist in Berlin auch der Pfarrer und Domkapitular Bernhard Lichtenberg tätig, der stets öffentlich gegen die nationalsozialistische Gewaltherrschaft Stellung bezieht. Ab 1938 als Propst der Berliner Sankt-Hedwigskathedrale tätig, erhebt Lichtenberg mutig seine Stimme gegen die Verfolgung der Juden und die Euthanasieprogramme. Die Leitung des Hilfswerks des Berliner Ordinariats zur Versorgung und Vermittlung von Auswanderungsmöglichkeiten wird nach Lichtenbergs Verhaftung 1941 vom Bischof Preysing, der sich ebenso gegen die Verfolgung von Juden und »nichtarischen« Christen einsetzt, persönlich übernommen werden. Im Konzentrationslager Dachau ermordet, ist Lichtenberg 1996 seliggesprochen worden.

^ *Bernhard Lichtenberg, Propst der Sankt-Hedwigskathedrale und Leiter des Berliner Ordinariats. Schon 1937, als Pfarrer und Domkapitular, opponierte er offen gegen den Nationalsozialismus.*

In Berlin sind auch die führenden Mitglieder der Bekennenden Kirche aktiv. Sie trifft nun, im Sommer 1937, die ganze Repression des Hitlerstaates. Während einer Verhaftungswelle gegen evangelischen Kirchenangehörige wird am 1. Juli in Dahlem der Theologe und Gründer des Pfarrernotbundes Martin Niemöller inhaftiert. Er wird im März 1939 zu einer niedrigen Haftstrafe verurteilt, am Tag der Freilassung allerdings als »Hitlers persönlicher Gefangener« ins Konzentrationslager Sachsenhausen verschleppt. Ein weiteres Mitglied der Bekennenden Kirche und Niemöllers Nachfolger als Mitglied des Kirchenrats der Altpreußischen Union, der Berliner Theologe Otto Dibelius, steht im Juli 1937 wegen regimekritischer Aussagen vor Gericht. Er wird am 6. August freigesprochen, doch sein Eintreten für Religionsfreiheit wird ihm bis 1945 Predigtverbot und noch weitere Verhaftungen kosten.

Erstmals verhaftet wird auch Heinrich Grüber, Pfarrer in Berlin-Kaulsdorf und Vertrauensmann des Kreisbruderrates der Bekennenden Kirche für die Diözese Berlin-Land I. 1938 wird der enge Freund Niemöllers, zuerst im Kaulsdorfer Pfarrhaus, dann in der Oranienburger Straße in Berlin-Mitte, eine Hilfsstelle der Evangelischen Kirche für verfolgten Christen jüdischer Herkunft einrichten. Das sogenannte »Büro Grüber«, eine Zeitlang von der Gestapo toleriert, wird bis zu seiner Schließung im Jahre 1940 die Auswanderung von nahezu 2000 Menschen organisieren. In Einzelfällen verhandelt Grüber dabei direkt mit Adolf Eichmann, Leiter

^ *Der Theologe und Gründer des Pfarrernotbundes Martin Niemöller, hier im Bild mit Konfirmanden, wurde am 1. Juli 1937 verhaftet.*

des »Judenreferats« in Berlin. Des Öfteren verhaftet, wird der Berliner Propst in den Konzentrationslagern Sachsenhausen und Dachau mit grausamen Misshandlungen und mehreren Herzinfarkten für sein humanitäres Engagement teuer büßen.

Auch das Predigerseminar der Evangelischen Kirche von Berlin und Brandenburg in Finkenwalde bei Stettin (heute das polnische Zdrojach), geleitet von einem der wohl bedeutendsten evangelischen Theologen des 20. Jahrhunderts, Dietrich Bonhoeffer, wird 1937 geschlossen. Bonhoeffer, der sich bis dahin stark in der Ausbildung der Pfarrer engagiert hat, entscheidet, das Seminar illegal in Hinterpommern weiterzuführen. Zu Beginn des Jahres 1938 wird der ehemalige Privatdozent der Theologie an der Berliner Universität aus der Reichshauptstadt ausgewiesen. Im September 1938 wird es zu einer zweiten Schließung seines Seminars durch die Gestapo kommen, in deren Folge 27 ehemalige Seminaristen in Haft genommen werden. Mit Predigt-, Rede- und Publikationsverbot belegt, wird Bonhoeffer über seinen Schwager Hans von Dohnanyi Kontakt zum militärischen Widerstand um Admiral Canaris und General Ludwig Beck aufnehmen. Im April 1945 wird er im Konzentrationslager Flossenburg hingerichtet.

^ *Aushängeschild des deutschen Widerstandes gegen den Nationalsozialismus: Dietrich Bonhoeffer leitete 1937 das Predigerseminar der Evangelischen Kirche in Finkenwalde.*

»HART WIE KRUPPSTAHL«

IM »BAUJAHR DER HITLER-JUGEND«

1936, »das Jahr des Deutschen Jungvolks«, ist mit einer Bilanz zu Ende gegangen, die die Führung der Hitler-Jugend (HJ) jubeln lässt: Mehrere 100 000 weitere junge »Volksgenossen« sind in die Jugend- und Nachwuchsorganisation der NSDAP eingetreten. Die Mitgliederzahl, die bereits 1934 durch die Zwangseingliederung zahlreicher konkurrierender Jugendverbände von 100 000 auf drei Millionen gestiegen war, beträgt zu diesem Zeitpunkt cirka 5,4 Millionen. Das neue Jahr kann also mit einer neuen Jahresparole beginnen, die Reichsjugendführer (RJF) Baldur von Schirach feierlich verkündet: 1937 ist »das Baujahr der Hitler-Jugend«.

In der Tat stellt das Jahr 1937 einen Wendepunkt in der Geschichte der HJ dar.

Bis Ende 1936 ist die Mitgliedschaft formell gesehen freiwillig gewesen; nur Beamte waren dazu verpflichtet, ihre Kinder in die NS-Jugendorganisation zu schicken. Am 1. Dezember 1936, zehn Jahre nach der Gründung der HJ auf dem Weimarer Parteitag der NSDAP von 1926, hat die Reichsregierung aber ein Gesetz verabschiedet, das die HJ zur Staatsjugendorganisation bestimmt: Das »Gesetz über die Hitler-Jugend« macht die Mitgliedschaft zur Pflicht. Gewaltige Werbekampagnen und Projekte wie das des »Staatsjugendtages« – samstags schulfrei, »Dienst am Volk« anstelle des Unterrichts, »nationalpolitischer Unterricht« für die nicht organisierten Schüler – haben dazu beigetragen, dass etwa 60 Prozent aller deutschen Jugendlichen der HJ beigetreten

< »Das Werk des Führers in die Zukunft zu tragen«: 1937 wird die Mitgliedschaft in der HJ zur gesetzlich verankerten Pflicht.

sind. Doch immer noch sind 40 Prozent der Jugend nicht eingegliedert, und das soll sich jetzt ändern. Die gesamte deutsche Jugend soll in der HJ zusammengefasst werden, weil – so der stellvertretende Leiter des Presse- und Propagandaamtes des RJF, Dr. Karl Lapper, am 3. Januar 1937 im Völkischen Beobachter – »die Lebensformen der Hitler-Jugend die Lebensformen der gesamten deutschen Jugend« werden müssen. Das ist das Ziel des Reichsgesetzes, das von nun an zur endgültigen Ausschaltung aller anderen im Dritten Reich noch bestehenden (vor allem christlichen) Jugendorganisationen führen wird.

Von der Jugend hängt die Zukunft des Deutschen Volkes ab. Die Gesamte Deutsche Jugend muss deshalb auf ihre Pflichten vorbereitet werden.
Die Reichsregierung hat daher das folgende Gesetz beschlossen, das hiermit verkündet wird.

§ 1 Die gesamte deutsche Jugend innerhalb des Reichsgebietes ist in der HJ zusammengefasst.

§ 2 Die gesamte deutsche Jugend ist außer in Elternhaus und Schule in der HJ körperlich, geistig und sittlich im Geiste des Nationalsozialismus zum Dienst am Volk und zur Volksgemeinschaft zu erziehen.

§ 3 Die Aufgabe der Erziehung der gesamten deutschen Jugend in der HJ wird dem Reichsjugendführer der NSDAP übertragen. Er ist damit Jugendführer des Deutschen Reiches. Er hat die Stellung einer obersten Reichsbehörde mit dem Sitz in Berlin und ist dem Führer und Reichskanzler unmittelbar unterstellt.

§ 4 Die zur Durchführung und Ergänzung dieses Gesetzes erforderlichen Reichsverordnungen und allgemeinen Verwaltungsvorschriften erlässt der Führer und Reichskanzler.

Berlin , den 1. Dezember 1936
Der Führer und Reichskanzler Adolf Hitler
Der Staatsvertreter und Chef der Reichskanzlei Dr. Lammers.

Unmittelbar nach seinem Inkrafttreten zeigt das Gesetz weitgehend seine Wirksamkeit. Ab 1937 wird der Großteil der Jugend, sowohl Jungen als auch Mädchen, tatsächlich in der HJ erfasst. Die straffe Organisationsstruktur ist seit 1933 – und so wird es bis 1945 bleiben – in zwei Altersgruppen sowie nach Geschlecht gegliedert: Das Deutsche Jungvolk für 10- bis 14-jährige Jungen (sogenannte »Pimpfe«), die eigentliche HJ für 14- bis 18-jährige Jungen, die Jungmädel für 10- bis 14-jährige Mädchen und der Bund deutscher Mädel (BDM) für 14- bis 18-jährige Mädchen.

Das Gesetz über die HJ hat die Regelung des »Staatsjugendtages« vom Juni 1934 aufgehoben: Die HJ verfügt nicht über ausreichend qualifizierte Führer, um die Vielzahl der Jugendlichen samstags sinnvoll zu beschäftigen. Auch das Projekt »Deutsche Kinderschar« muss aus Mangel an qualifizierten Ausbilderinnen auf unbestimmte Zeit verschoben werden. Geplant war, dass alle Jungen und Mädchen spätestens im Alter von sechs Jahren in Kindergruppen erfasst werden, in denen ihnen die Werte des Nationalsozialismus durch die NS-Frauenschaft eingebläut werden sollten. So bleibt es beim HJ-Eintrittsalter von 10 Jahren. Der »Staatsjugendtag« wird durch zwei schulfreie Nachmittage für den HJ-Dienst ersetzt.

Auch in Berlin ist das Engagement der nationalsozialistischen Jugendorganisation äußerst stark. Durch Vertre-

^ *Unwiderstehlich: Mit Spielen, Uniformen und Zeltlagerleben kann die HJ zahlreiche Berliner Jugendliche für Hitler gewinnen.*

tungen in Betrieben und Schulen sowie Berufsberatung und Jugendschutz zeigt die HJ große Präsenz im Leben der Kinder und Jugendlichen. Für zahlreiche Berliner Jugendliche ist die Mitgliedschaft in der Jugendorganisation attraktiv, fast unwiderstehlich, sie verfügt über beinahe unbegrenzte Mittel, ihren Mitgliedern interessante Angebote zu unterbreiten. Gelockt wird mit Ausflügen und Zeltlagern; Propagandamärsche, Feierstunden, Sportnachmittage und »Geländespiele« wirken verführerisch auf eine Generation, die im Geiste der Gemeinschaft, der »Kameradschaft« erzogen wird.

Ein zentraler Begriff der HJ ist die »Führung der Jugend durch die Jugend«. Durch Förderung der Selbständigkeit – was keinesfalls die Förderung des selbständigen und kritischen Denkens bedeutet, sondern ein Gefühl des selbstbewussten Zusammengehörens meint – soll aus der Jugend ein »Stand im Volksganzen« gemacht werden. Selbstbewusstsein und Zugehörigkeitsgefühl werden durch Symbole der Organisation verstärkt – Fahnen, Paraden, Rituale, Rangabzeichen, aber vor allem durch das Tragen einer Uniform. In kurzen schwarzen Hosen, braunem Hemd und mit einem schwarzen, geknoteten Halsband fühlen sich die Jungen bald nicht mehr als Kinder, sondern als »ganze Kerle«. Wer nicht dabei ist und nicht mitmacht, gilt als Außenseiter.

Für alle Mitglieder steht die sportliche Betätigung an erster Stelle. Sport dient nicht nur der körperlichen Ertüchtigung; er ist gleichzeitig auch eine vormilitärische Ausbildung, eine Vorbereitung auf den Kriegseinsatz. Der gesamte HJ-Alltag ist militärisch organisiert. Auf dem Stundenplan stehen Fahnenappelle, Exerzieren, Schießübungen, Geländemärsche sowie Fahrten durch ganz Deutschland.

»Ihr sollt sein: Hart wie Kruppstahl, zäh wie Leder und flink wie Windhunde« – dieser Spruch des »Führers« hängt in allen Klassenzimmern neben Hitlers Bild. Der HJ-Dienst ist 1937 meistens am Samstagnachmittag und Sonntag zu verrichten. Zu den Aufgaben der Jugend gehören – im Geiste des »Dienstes am Volk« – neben dem HJ-Dienst auch der »Streifendienst«, eine Verhaltenskontrolle Jugendlicher in der Öffentlichkeit, sowie der Hilfsdienst für das »Winterhilfswerk«: Geldspenden mit Sammelbüchsen auf der Straße sammeln, Abzeichen verkaufen, Sachspenden sortieren und verpacken.

^ *Deckblatt der Sonderausgabe der »Kameradschaft« vom Mai 1937 für die Sommerlager der HJ in Berlin.*

»SCHAFFT HEIME FÜR DIE HITLER-JUGEND!«

Die oberste Aufgabe der HJ, deutsche Kinder und Jugendliche im Sinne der nationalsozialistischen Idee zu erziehen, erfolgt allerdings nicht nur durch körperliche Leistungen und paramilitärische Ausbildung. Im Mittelpunkt aller Veranstaltungen der HJ steht die nationalsozialistische Schulung.

Um an der »Sendung« zu arbeiten, »die [euch] als Jugend allein vorbehalten bleibt, das Werk des Führers in die Zukunft zu tragen«, reicht die Zeit in der Schule allerdings nicht aus. Deshalb treffen sich alle HJ-Ortsgruppen jeden Mittwoch beim »Heimabend«. Zu Beginn des Jahres 1937 ist der Heimabend schon ein wesentlicher Bestandteil des HJ-Dienstes; im Jahr zuvor haben laut Presseamt des RJF pro Monat durchschnittlich eine halbe Million Heimabende im gesamten Reichsgebiet stattgefunden. Zu den Heimabenden gehört das kollektive Hören von propagandistischen Radiosendungen, die speziell für die Jugend produziert werden, das Singen von HJ-Liedern und die Vorbereitung von anderen Aktivitäten. Kern dieser Treffen ist die Vermittlung des NS-Wertesystems durch »nationalpolitische« Schulungen.

Um die innere Festigung der Staatsjugendorganisation durch einheitliche Schulung zu erreichen, stellt das Reichsjugendamt Schulungsmaterialien bereit, die der Heimabendgestaltung dienen sollen. Die Hefte *Die Kameradschaft – Blätter für Heimabendgestaltung in der Hitler-Jugend Berlin*, eine Art Katechismus des Nationalsozialismus, erscheinen alle zwei Wochen neu und dienen den Jugend- und Schar-

führern aller Ortsgruppen als Hilfsmittel für die Gestaltung des Heimabends. Das jeweilige Thema wird in den Heften meist durch ein Gedicht oder eine Erzählung eingeführt. Die Behandlung des Themas mit seinen unterschiedlichen Aspekten erfolgt durch eine Reihe von Texten (Abhandlungen und/oder kurze Geschichten). Häufig sind es Zitate aus Hitlers oder von Schirachs Reden, sowie Auszüge aus Werken des NS-Ideologen Alfred Rosenberg, aus dem Parteiprogramm oder aus Gesetzestexten, die zur Bestätigung

^ *»Schafft Heime für die HJ«: Der Berliner Werbefeldzug vom Januar 1937 soll die öffentliche Meinung für den Bau von HJ-Heimen sensibilisieren.*

b) Kundgebung: Einheiten der HJ. bilden ein großes Viereck und nehmen die Zuschauer in die Mitte. Knallkörper können die Kundgebung eröffnen. Hierauf kann sich eine Szene eines Heimabends anknüpfen. Dabei sitzen die Jungen auf Kisten, Eimern usw. Falls es regnet, können auch Regenschirme verwandt werden. Ein Ofen, der unter freiem Himmel angezündet wird, kann seine Wirkung ebenfalls nicht verfehlen. Hierauf spricht der Standortführer und weist die Eltern auf die Unmöglichkeit dieses Zustandes hin. Seine Rede schließt mit dem Aufruf, tatkräftig an der Schaffung der Jugendheime mitzuhelfen. Darauf setzt sich der vorher geschilderte Umzug wieder in Bewegung und zieht noch einmal an den Eltern vorbei. An die Kundgebung kann sich dann noch eine Besprechung mit den Führern der Partei und den Leitern der Behörden usw. anschließen. Evtl. kann ein vorbildliches Heim

des Ausgeführten herangezogen werden. Manchmal wird auf zusätzliche Literatur hingewiesen, die bis zum nächsten Heimabend besorgt werden kann, falls Bedarf nach Vertiefung besteht. Das jeweilige Thema wird oft mit Parolen oder einem Lied (mit Partitur) abgeschlossen.

Im Jahr 1937 steht die HJ vor einer besonderen, konkreten Aufgabe: »Der Heimabend, soll er im Geiste der Hitler-Jugend gestaltet sein, setzt einen Raum, ein Heim voraus, das für unsere Jugend tatsächlich ein Heim ist, in dem sie sich heimisch fühlen kann« – so der Presseleiter der RJF, Karl Lapper, im Januar 1937:

Darum fordert der Jugendführer [...] in seinem neuen Jahresaufruf für 1937 die Schaffung von eigenen Heimen, die in ihrer Schlichtheit, Zweckmäßigkeit und Schönheit Ausdruck unserer Zeit sind und der Baugesinnung Adolf Hitlers entsprechen. Waren bisher die Eltern [...] in ihrer unermüdlichen Liebe unsere Bundesgenossen im Kampf um eine einzige und einige deutsche Jugendbewegung, so werden sie der neuen Epoche der HJ, die im Baujahr der Hitler-Jugend ihren Anfang nimmt, vollstes Verständnis und Vertrauen entgegenbringen. [...] Es geht darum, die deutsche Jugend bei der Durchführung ihrer Heimabende, die dem Dienst an der Idee gelten, von Stätten

^ *Aus einem Propagandablatt für die Werbeaktion: Laut der HJ-Leitung sind Keller, Gasthäuser und Herbergen für den Lebensstil der deutschen Jugend nicht mehr geeignet.*

fernzuhalten, die nun einmal dem Lebensstil der Jugend nicht entsprechen.

Gemeint sind hier Keller, Gasthäuser und Herbergen, wo die meisten HJ-Gruppen ihre Heimabende abhalten. »Das gigantische Schulungsprogramm der jungen Gemeinschaft Adolf Hitlers«, fährt Lapper fort, »die Aufbereitung der ganzen deutschen Jugend, die Formung von Millionen junger Deutscher zu glühenden Nationalsozialisten durch das Erlebnis einer kompromisslosen Kameradschaft wird in den Heimen Wirklichkeit und Leben.«

Vom 15. bis 24. Januar 1937 führt die HJ einen »Werbefeldzug« für die sogenannte »Heimbeschaffung« durch. Bei dieser Propagandaaktion soll laut Stabsführung der HJ »in der gesamten Öffentlichkeit die Voraussetzung für die Erstellung von HJ-Heimen« geschaffen werden. Von Berlin aus wird die Aktion im ganzen Reich organisiert und koordiniert. Der Propagandaeinsatz startet am Donnerstag, dem 14. Januar in Berlin.

Drei Tage später, am Sonntag, erfolgt der Straßeneinsatz der HJ. Jungvolk-Fahrradkolonnen fahren durch die Straßen Berlins, Schilder auf dem Rücken. Spielmannszüge marschieren, gefolgt von Scharen von HJlern, die Plakate und Transparente mit dem Aufruf »Schafft uns Heime!« tragen. BDM und Jungmädel veranstalten Volksliedersingen auf publikumsreichen Plätzen, auf Pferdewagen werden Szenen nachgestellt: ein alter, wackeliger Tisch, halbzerbrochene Stühle, eine Wand aus Pappe mit aufgemalten bröckelnden Ziegeln, das Heim ähnelt einem Stall. An der Seite des Wagens hängt ein Transparent mit der Aufschrift: »Soll das unser Heim sein? Nein! Ochsen und Esel gehören hinein!«.

Im Rahmen eines reichsweiten »Bauprogramms der Jugend«, das in Folge dieser Sensibilisierungskampagne durch den RJF zusammengestellt wird, entsteht 1937 in Berlin das »Italienhaus« der HJ nach Plänen des Architekten Fritz Winter am westlichen Havelufer. Das repräsentative Gebäude entspricht vollkommen dem nationalsozialistischen Architekturgusto und dient auch als Gästehaus für ausländische Besucher.

Entwürfe von HJ-Heimen werden auch in der Reichsausstellung »Gebt mir vier Jahre Zeit« in Mai 1937 der Öffentlichkeit vorgestellt. Zwei Jahre später wird die staatliche Förderung des HJ-Heimbaus gesetzlich verankert werden, und zwar in dem »Gesetz zur Förderung der HJ-Heimbeschaffung« vom 5. März 1939, laut dem die Gemeinden für die Errichtung und Unterhaltung von HJ-Heimen zuständig sind, während sich Partei und Staat an den Baukosten zu beteiligen haben.

^ *»Die Kameradschaft« von Dezember 1937. Thema: Berufswahl*

AUS DEN BLÄTTERN »DIE KAMERADSCHAFT«

»IHR WERDET EIN GESUNDES GESCHLECHT SEIN«

HEFT 16, 10. NOVEMBER 1937

Alkohol und Tabak

Wieviele unter uns haben sich vielleicht über den Genus von Alkohol und Tabak noch viel zu wenig Gedanken gemacht. Alkohol und Tabak sind nicht zur Erhaltung unseres Lebens notwendig, sie sind keine Nahrungs-, sondern Genussmittel. Beide aber, Alkohol sowie auch Tabak, sind Gifte, die insbesondere schädlich auf den sich in der Entwicklung befindlichen Organismus des jungen Menschen wirken. Wir haben es also hier nicht nur um Genussmittel, sondern sogar um Genussgifte zu tun. Wir alle wissen, welche Wirkung manchmal eine einzige Zigarette hat. Wenn nach dem Genus von Tabak sich der Schwindel einstellt, der kalte Schweiß ausbricht und starke Übelkeit und Erbrechen sich einstellten, so ist uns das ein ganz klarer und untrüglicher Beweis einer Vergiftung.

Ebenso wie der Tabak derartig schädliche Wirkungen ausübt, richtet auch der Alkohol ungeheueren Schaden an der Gesundheit insbesondere des jungen Menschen an. Wir wissen, wie schädigend beide Gifte wirken, wie sie unsere Energie und Ausdauer schwächen. Wenn wir Sport treiben, fühlen wir besonders stark die Wirkungen dieser Gifte. Wir wollen nun an diesem Heimabend keine langatmigen Betrachtungen darüber anstellten, in wie vielen Fällen schon ungeheueres gesundheitliches Unglück über ganze Familien gekommen ist durch den übersteigerten Genus des Alkohols. Wir alle kennen solche Fälle aus der Umgebung unseres Alltags. Wir aber wollen erkennen, dass es für uns in erster Linie darauf ankommt, uns selbst zu gesunden und stahlharten Menschen zu erziehen, die nicht willenlose Knechte irgendwelcher Genussgifte sind. Die »Jünglinge« vergangener Zeit, die eine Zigarette im Mundwinkel, die Hände tief in den Hosentaschen vergraben, durch die Straßen der Großstädte wandelten, die in den Kaffeehäusern und Wirtsstuben ihre Zeit verbrachten, sind nicht die Idealgestalten unserer Zeit.

»Heute sehen wir mit Freude nicht mehr den bier- und trinkfesten, sondern den wetterfesten jungen Mann, den harten jungen Mann. Denn nicht darauf kommt es an, wieviel Bier er zu trinken vermag, sondern darauf, wieviel Schläge er aushalten, nicht darauf, wieviele Nächte er durchzubummeln vermag, sondern wieviele Kilometer er marschieren kann. Wir sehen heute nicht mehr im damaligen Bierspießer das Ideal des deutschen Volkes, sondern in Männern und Mädchen, die kerngesund sind, die straff sind. Denn in euch ist eine neue Jugend entstanden, erfüllt von anderen Idealen als die Jugend meiner Zeit, erfüllt von einem heiligeren Glauben als die Generation vor uns. Es ist eine neue Jugend gekommen mit anderen Auffassungen, mit anderen Vorstellungen von der Schönheit der Jugend, von der Kraft der Jugend. Ich sehe sie noch vor meinen Augen, die Jugend der Vergangenheit. Sie glaubte stark zu sein nur im Genus.

Sie glaubte, ihr Nationalgefühl zu betonen nur in der Phrase, jene Jugend, in der der junge Mann damals vermeinte, Vorbild seines Volkes zu werden durch ein möglichst großes Quantum von Alkohol. Nein, meine jungen Freunde! Da wächst heute bei uns doch ein herrliches Geschlecht heran! Ihr seid ein schöneres Bild, als die Vergangenheit es uns geboten, ja gelehrt hat. Ein neuer Schönheitstyp ist entstanden. Nicht mehr der korpulente Bierphilister, sondern der schlanke, ranke Junge ist das Vorbild unserer Zeit, der fest mit gespreizten Beinen auf dieser Erde steht, gesund ist an seinem Leib und gesund ist an seiner Seele.« (Adolf Hitler)

^ *Ein neues Jugendbild: Nicht mehr darauf kommt es an, meint Hitler, wie viel Bier ein deutscher Junge zu trinken vermag, sondern wie lang er marschieren kann.*

»JUNGE UND MÄDEL: EINE JUGEND«

HEFT 17, 24. NOVEMBER 1937

Die Hitler-Jugend ist eine Organisation der Jugend unseres Volkes. In unseren Reihen stehen nicht allein Pimpfe und Hitlerjugend, sondern auch unsere Mädel vom BDM. Aus dieser Jugend, die in einem Geist und in einer gesunden, natürlichen Lebensanschauung aufwächst, wird die deutsche Familie entstehen. Nach einem Wort des Führers soll das Mädel im Jungen den gefundenen Mann und ihren Ritter sehen, der Junge im Mädel die zukünftige Frau und Mutter achten.

Wir Hitlerjungen müssen uns erziehen zu stahlharten Männern, die überall, wo sie stehen, ob im Beruf oder sonst wo, Soldaten sind. Wir müssen uns zu kraftvollen Männern entwickeln. Daher ist auch unser Sport von dem der Mädel verschieden. Unsere Kampfspiele würden wenig zu der Eigenart der Mädel passen, ebenso wie ein mit schweren Vorhandschuhen bewehrtes Mädel nicht wesensecht erscheint. Ein Kraftsport entspricht weder dem inneren Wesen des Mädels, noch dem ganzen Aufbau des Organismus seines Körpers. Was für den Jungen im Sport nützlich und gesund ist, kann für das Mädel sehr schädlich sein. Verschieden ist also immer nur die Ausübung des Sports. Beide aber, Junge und Mädel, bekennen sich zu einer Leibesertüchtigung, um gesund und lebensfrisch zu sein an Leibe und Seele.

»Auch die Kleidung der Jugend soll diesem Zweck angepasst werden. Es ist ein wahrer Jammer, sehen zu müssen, wie auch unsere Jugend bereits einem Modewahnsinn unterworfen ist, der so recht mithilft, den Sinn des alten Spruches: »Kleider machen Leute« in einen verderblichen umzukehren.

Gerade bei der Jugend muss auch die Kleidung in den Dienst der Erziehung gestellt werden. Der Junge, der im Sommer mit langen Röhrenhosen herumläuft, eingehüllt bis an den Hals, verliert schon in seiner Bekleidung ein Antriebsmittel für seine körperliche Ertüchtigung. Denn auch der Ehrgeiz, und, sagen wir es ruhig, die Eitelkeit muss herangezogen werden. Nicht die Eitelkeit auf schöne Kleider, die sich nicht jeder kaufen kann, sondern die Eitelkeit auf einen schönen, wohlgeformten Körper, den jeder mithelfen kann zu bilden.« (Adolf Hitler)

^ *NS-Weltanschauung für die deutsche Jugend: Der Junge soll ein stahlharter Mann und Ritter, das Mädel eine zärtliche, sorgvolle Frau und Mutter werden.*

»DEUTSCHE SIEGE«

DIE HAUPTSTADT DES SPORTS

Im »Dritten Reich« ist jeder Rekord oder Sieg eines deutschen Sportlers immer »ein deutscher Sieg«, um den Titel eines sehr populären zeitgenössischen Films über Max Schmelings Triumph in New York 1936 aufzugreifen. Und »deutsche Siege« sind für die Nationalsozialisten grundsätzlich mehr als einfache sportliche Erfolge, über die sich jeder Deutsche freuen kann: Sie sind vielmehr Beweis für die Überlegenheit der »nordisch-arischen Rasse«.

Obwohl an sich unpolitisch und von politischen Inhalten bewusst freigehalten, stellt Sport im NS-Deutschland stets ein Politikum dar. Die Leistungen deutscher Athleten werden skrupellos missbraucht, um die Identifikation der Bevölkerung mit dem Regime voranzutreiben. Schulische und außerschulische Leibeserziehung – Körperertüchtigung und Kampfsport bei den Jungen, Gymnastik und Tanz für die Mädchen – sind nicht nur wesentliche Bestandteile der nationalsozialistischen Erziehung insgesamt, sondern sie dienen zugleich als Kontroll- und Disziplinierungsmittel der Gesellschaft.

Selbst als eine der wichtigsten Formen der Massenunterhaltung erfüllt der Sport eine politische Aufgabe: Ob aktiv betrieben oder als Spektakel im Stadion und in den Medien, er trägt zur Überwindung von Klassengrenzen bei und hält damit die »Volksgemeinschaft« zusammen. Eine unabdingbare Voraussetzung für die Übernahme dieser letzten Funktion ist aber die Zerschlagung der in den proletarischen Vierteln Berlins besonders lebendigen Tradition des Arbei-

< Skrupellos missbraucht: Die Leistungen deutscher Athleten sollen die Identifikation der Bevölkerung mit dem nationalsozialistischen Regime vorantreiben.

tersports. Seit 1934 werden »rote« und kirchliche Sportverbände zwangsaufgelöst.

1937 ziehen die häufigen, meist am Wochenende stattfindenden Sportgroßveranstaltungen, insbesondere die Fußballländerspiele und die sehr beliebten »Länderkämpfe«, in denen die besten deutschen und internationalen Leicht-

^ *Tempel der Leibeserziehung: Fechtübungen im Kuppelsaal des Berliner Haus des Deutschen Sports.*

athleten gegeneinander antreten, Hunderttausende von Berlinern in ihren Bann. Seit den Olympischen Spielen des Jahres 1936 ist das Gelände des Reichssportfeldes mit dem »Haus des deutschen Sports« und der Reichsakademie für Leibesübungen zum Mittelpunkt des äußerst aktiven Sportlebens der Hauptstadt geworden.

Die unbestritten beliebteste Arena ist das neue Olympiastadion, in dem im Sommer 1937 vor 85 000 Zuschauern das Internationale Stadionfest Berlin (ISTAF) wiedergeboren wird. Die Veranstaltung, heute wohl die traditionsreichste Leichtathletik-Großveranstaltung Deutschlands, gibt es

^ *In der Deutschlandhalle in Charlottenburg, anlässlich der Olympiade 1936 erbaut, werden große Sport- und Massenveranstaltungen durchgeführt.*

seit 1921, als sie erstmals im »Deutschen Stadion« in Grunewald stattfand. Nach dem Beschluss des Berliner Sport-Clubs, des Deutschen Sportclubs und des Sport-Clubs Charlottenburg im März 1937, künftig gemeinsam unter der Bezeichnung ISTAF internationale Sportfeste zu veranstalten, zieht der große Leichtathletik-Wettbewerb endgültig ins Olympiastadion. Große Massen von Menschen besuchen auch den Sportpalast in Schöneberg und die Deutschlandhalle in Charlottenburg. Neben zahlreichen Parteitagen und politischen Veranstaltungen finden dort oft auch Boxkämpfe und Ringerturniere statt.

Die besondere Rolle des Sports im »Dritten Reich« verkörpert auch eine Reihe von beinahe legendären, von Millionen Deutschen verehrten Spitzensportlern. Ihre Namen und Leistungen werden weitgehend politisch und somit zur nationalen Selbstdarstellung genutzt.

Ein Idol der Berliner Jugend heißt Rudolf Harbig, ein junger Mittelstreckenläufer aus Dresden, der 1936 im Aufgebot für die Olympischen Spiele in Berlin stand. Er fällt 1944 an der Ostfront, bleibt aber der einzige Athlet in der Geschichte, der gleichzeitig Weltrekorde über 400, 800 und 1000 Meter innegehabt hat. In der deutschen Leichtathletik gibt es jedoch auch zahlreiche andere Rekordmeister: 1937 sind der Leipziger Lutz Long und der Hamburger Karl Hein jeweils der beste Weitspringer (nach dem Rücktritt von Jesse Owens) und der beste Hammerwerfer der Welt. Auch der Läufer Gerd Hornberger (Europameister 1934, Olympiadritter 1936) und der Kugelstoßer Hans Woellke (Gold bei den Olympischen Spielen 1936) gehören zu den Besten der Welt. Die erfolgreichsten Berliner Leichtathletik-Vereine dieser Zeit heißen SC Charlottenburg, SC Komet, Polizei-SV, Berliner SC und DSC Berlin.

^ *Olympiasieger und Polizist: Der Berliner Kugelstoßer Hans Woellke ist einer der Rekordmeister der deutschen Leichtathletik. Er errang Gold bei der Olympiade.*

Der König des Boxens in Berlin sowie in ganz Deutschland ist zweifellos Max Schmeling, der bis heute im Schwergewicht als der zehntbeste Boxer aller Zeiten gilt. 1937 lebt er noch vom Glanz seines Triumphs über den als unschlagbar geltenden »braunen Bomber« Joe Louis im Jahr zuvor. Durch diesen Sieg ist Max Schmeling zum Herausforderer des amtierenden Weltmeisters Jimmy Braddock avanciert. Der Titelkampf wird für Juli 1937 angesetzt, fällt jedoch aus, weil der Amerikaner nicht zum Wiegen erscheint. Eine zweite Chance, Weltmeister zu werden, wird Schmeling erst im Juni 1938 bekommen, erneut in New York gegen Joe Louis, der souverän in der ersten Runde gewinnen wird – für Schmeling der letzte Boxkampf in den USA. In der deutschen Boxwelt glänzen 1937 neben Schmeling auch die Olympiagoldträger Willy Kaiser (Fliegengewicht) und Herbert Runge (Schwergewicht).

DIE BESTEN DER BERLINER LEICHTATHLETIK 1937

3000 m: Friedrich Schaumburg (PSV Berlin), 8:17,2 min
110 m Hürden: Erwin Wegner (TSV Schöneberg), 14,6 sec
400 m Hürden: Friedrich Hölling (MSV Wünsdorf), 51,6 sec
Diskuswurf: Willy Schröder (Polizei SV Berlin), 53,10 m
Kugelstoßen: Hans Woellke (Polizei SV Berlin), 16,36 m

^ *Boxkampf in der Deutschlandhalle: In Berlin hieß diese Sportart Max Schmeling. Er hatte 1936 Joe Louis geschlagen.*

STADIEN, »SILBERPFEILE« UND WELTREKORDE

Neben Leichtathletik und Boxen sind sicherlich Fußball und Autorennen in Berlin die beliebtesten Sportarten. Der Fußball hat es anfangs nicht leicht gehabt, sich durchzusetzen. Angefeindet von deutsch-nationalen Turnern und – weil aus England importiert – als »undeutsch« geltend, ist diesem Sport in Deutschland erst Ende der 1920er der Durchbruch gelungen. 1937 genießt er schon große gesellschaftliche Akzeptanz; im Alltagsleben, in der Presse sowie im Rundfunk findet die Popularität von Fußballvereinen und -spielern deutlichen Niederschlag. Gegen den Willen zahlreicher Sportlehrer, die ihn als zu unklassisch und proletarisch und damit als »Schulfeind« bezeichnen, wird der Fußball nun sogar an Schulen eingeführt.

Anders als die Fußballorganisationen der Arbeiterbewegung und die konfessionellen Vereine hat der Deutsche Fußballbund (DFB), der um 1930 schon rund eine Million aktive Mitglieder zählte, unmittelbar nach dem Machtantritt der Nationalsozialisten dem »Führer« Treue und Gefolgschaft geschworen. 1933 hat sich der deutschnational geprägte DFB unter der Präsidentschaft von Felix Linnemann sogar freiwillig aufgelöst und in den Reichsbund für Leibesübungen der NSDAP eingegliedert. 1937 ist er als »Fachamt Fußball« nur noch eine Unterabteilung des »Reichsbundes«. Um sich das Potential des Arbeitersports zunutze zu machen, greifen die Nationalsozialisten allerdings nicht nur zu repressiven Mitteln, sondern versuchen auch, Spitzenfußballer aus der Arbeitersportbewegung zu umwerben. Ein Beispiel ist die Ver-

einnahmung des traditionellen Arbeitervereins Schalke 04, dessen Vorherrschaft in der deutschen Fußballwelt von den Nationalsozialisten stark instrumentalisiert wird. Am 20. Juni 1937 werden die »Königsblauen« aus Gelsenkirchen nach einem 2:0 im Berliner Olympiastadion gegen den FC Nürnberg dritten Mal seit 1933 Deutscher Meister. Hertha BSC, deutscher Meister 1930 und 1931, hat sich unter der Präsidentschaft von Hans Pfeiffer dem Nationalsozialismus gebeugt. Große Erfolge bleiben für Hertha im Jahre 1937 allerdings aus.

Das enttäuschend frühe Ausscheiden der deutschen Nationalelf bei den Olympischen Spielen im August 1936 hat nichts daran geändert: Berlin schwärmt für Fußball – das bestätigt allein die Vielzahl an Stadien, in der die Spiele der Berliner Regionalliga sowie auch Länderspiele ausgetragen werden: Neben dem neuen Olympiastadion gibt es das »Deutsche Stadion« im Grunewald (ehemals »Kaiser-Wilhelm-Stadion«), das Poststadion im Tiergarten und das Volksparkstadion in Mariendorf, um nur die größten Wettkampfstätten der Hauptstadt zu nennen. »An der Plumpe«,

^ *Die große Arena: Die »Länderkämpfe« im Olympiastadion von deutschen und internationalen Leichtathlethen zogen Hunderttausende Berliner in ihren Bann.*

am Gesundbrunnen in Wedding, ist die Heimspielstätte von Hertha BSC. 1937 fasst die Arena, in der auch Gruppenspiele des olympischen Fußballturniers ausgetragen wurden, über 35 000 Zuschauer (darunter etwa 2700 Sitzplätze).

Stark geschwächt durch die Politik der Nationalsozialisten ist auch der Verein Tennis Borussia Berlin, eine der führenden Fußballmannschaften im Berlin der 1920er Jahre. Um einem Zwangsaustritt zuvorzukommen, haben alle jüdischen Mitglieder den Verein verlassen. Die Gegenspieler von Hertha und TB Berlin in der Berliner Pokalmeisterschaft und in der neuen Gauliga heißen SC Wacker 04 Tegel, BFC Alemannia 90, BSV 92, Berliner FC Kickers Schöneberg, SV Blau-Weiß 90 Mariendorf, Weißensee FC, VfB Pankow, Spandauer SV, FC Hertha 03 Zehlendorf, FC Lichterfelde 12, SC Wedding, FC Viktoria 89 Berlin-Tempelhof und Sportclub Charlottenburg. Aus Berlin stammt auch der älteste Fußballverein Deutschlands: der Tempelhofer BFC Germania 1888.

Ebenso verrückt wie nach Fußball sind die Berliner nach Autorennen. Zwei Helden der Rennbahn, Bernd Rosemeyer und Rudolf Caracciola, ringen um die Gunst vor allem der Berliner Jugend. 1937 ist Rosemeyer mit seinem 16-Zylinder-Mittelmotorwagen der Auto-Union der stärkste Konkurrent von »Karratsch«, der für Mercedes-Benz fährt. Im Jahr zuvor wurde Rosemeyer mit einer langen Liste von Erfolgen

^ *Fußball galt anfangs als »undeutsch«. 1937 genießt er aber überragende Popularität bei den Berlinern.*

Europameister. Im Wettbewerb mit Caracciola stellt er mehrere Geschwindigkeitsrekorde auf – den berühmtesten am 26. Oktober 1937, als er das erste Mal 404,6 km/h über fünf Kilo-

^ *Ein Idol für die »Volksgemeinschaft«: Der Autorennfahrer Rudolf Caracciola zusammen mit seiner Frau.*

meter bei fliegendem Start erzielt und so den absoluten Automobilweltrekord aufstellt. Sein tragisches Ende jedoch steht unmittelbar bevor: Bei dem Versuch, Caracciola zu überbieten, der auf der Autobahn Frankfurt-Heidelberg die Rekordmarke von 432,692 km/h erreicht, verunglückt Rosemeyer am 28. Januar 1938 bei einer Geschwindigkeit von 440 km/h auf derselben Strecke. »Nach seinem Todessturz steht Bernd Rosemeyer eine Zeitlang fast gleichwertig wie Horst Wessel vor den Augen der Volksphantasie«, schrieb der deutsch-jüdische Schriftsteller Victor Klemperer im Jahre 1946.

zeuge zusammengestellt hatte, siegten Schätzel-Darmstadt, Dr. Schroebter-Mehlem, Brünning-Stolp, Theodor Borsdorf-Bielefeld, Willi Althoff-Gelsenkirchen.

Rosemeyer fuhr Rekord

Fünf deutsche Wagen in der Siegerliste

Deutschlands Auto-Rennfahrer haben einen neuen großen Erfolg errungen. Beim 13. Rennen um den Acerbo-Pokal in Italien stellte Bernd Rosemeyer (Auto-Union) mit 141,009 Kilometer-Stunden einen neuen Streckenrekord auf und verbesserte auch den Runden-Rekord auf 145,904 Kilometer-Stunden. Manfred von Brauchitsch (Mercedes-Benz) wurde Zweiter, Müller (Auto-Union) Dritter, Fagioli (Auto-Union) Vierter und Caracciola-Seaman (Mercedes-Benz) Fünfter. Dann kam Belmondo (Alfa Romeo).

Das Rennen hatte dadurch besondere Bedeutung, daß der neue Zwölfzylinder-Alfa-Romeo die deutsche Vormacht brechen sollte. Nach 160 Kilometern mußte der Wagen, der dauernd Letzter war, aus dem Rennen genommen werden. Rosemeyer hatte sich in der ersten Runde mit Rekordzeit die Führung gesichert vor Caracciola, Stuck und v. Brauchitsch.

In der 6. Runde betrug der Vorsprung Rosemeyers gegen Caracciola 41 Sekunden, Stuck

Irland!

^ *Ein Leben für Rekorde: Beim Versuch, Caracciola zu überbieten, wird der Autorennfahrer Bernd Rosemeyer im Januar 1938 tödlich verunglücken.*

Caracciola dagegen hat zu diesem Zeitpunkt schon alles gewonnen. 1937 wird er an Bord seiner »Silberpfeile« zum zweiten Mal Europameister, gewinnt zum zweiten Mal den Großen Preis von Italien und der Schweiz sowie zum fünften Mal den von Deutschland. Hitler zeichnet ihn mit dem »Preis des Führers« aus. Seinen ersten Großen Preis von Deutschland hat er bereits 1926 auf der Berliner AVUS geholt. Die alte AVUS, die »schnellste Rennbahn der Welt«, eine der traditionellsten und berühmtesten Rennstrecken des Deutschen Reichs, wird 1937 umgebaut, um so die

DER WELT größte AUTOSCHAU eröffnet am 20. Februar 1937

Vor dem Wagen des Führers...

Die deutschen Rennwagen bilden das Ehrengeleit auf dem Weg zur Ausstellung. Auf unserem Bild haben sie das Brandenburger Tor durchfahren. Auf dem ganzen Weg standen viele tausend NSKK-Männer Spalier. Schirner (2)

^ *Die Eröffnung der Autoschau in einer Ausgabe der* Berliner Morgenpost*: Nach Autorennen sind die Berliner verrückt wie nach Fußball.*

Rundengeschwindigkeit zu erhöhen. Die alte Nordkurve wird durch eine überhöhte Steilkurve aus Backstein ersetzt, die einen geringeren Radius hat. An der Stelle des alten Verwaltungsgebäudes entsteht ein Zielrichterturm, zudem wird eine neue Tribünenanlage errichtet. 1937 fällt auch der Beschluss des Generalbauinspektors für Straßenwesen, Fritz Todt, die AVUS an den Berliner Ring anzuschließen, was bis 1940 erfolgen wird.

^ *»Die schnellste Rennbahn der Welt«: 1937 wird die Berliner AVUS umgebaut und eine neue Tribüne errichtet.*

BERND ROSEMEYER (1909-1938)

Großer Preis der Tschechoslowakei (1935)

Europameister (1936)

Großer Preis von Deutschland (1936)

Großer Preis der Schweiz (1936)

Großer Preis von Italien (1936)

Vanderblit Cup, New York (**1937**)

Donington Grand Prix (**1937**)

RUDOLF CARACCIOLA (1901-1959)

Europameister (1935, **1937**, 1938)

Großer Preis von Deutschland (1926, 1928, 1931, 1932, **1937**, 1939)

Großer Preis von Italien (1934, **1937**)

Großer Preis von Frankreich (1935)

Großer Preis der Schweiz (1935, **1937**, 1938)

Großer Preis von Belgien (1935)

Großer Preis von Spanien (1935)

Großer Preis von Monaco (1936)

Mille Miglia, Italien (1931)

»DEUTSCHE KUNST IST HEIMATKUNST«

DIE KULTURELLE GLEICHSCHALTUNG

Die Flammen, denen man die Werke »undeutschen Geistes« in einer Mainacht vier Jahre zuvor unter Jubel und Gesängen »übergab«, sind auch 1937 nicht gelöscht, auch wenn auf dem Opernplatz (dem heutigen Bebelplatz) kein Scheiterhaufen mehr errichtet wird. Der Nationalsozialismus verfügt zu Beginn des zweiten Vierjahresplans über ein erprobtes System der Sicherung der kulturellen Gleichschaltung Deutschlands.

Zur Aufhebung aller »Disharmonie zwischen den kulturellen Äußerungsformen und der ideologischen Propaganda des Staates«, so Joseph Goebbels im März 1933 bei der Übernahme des neu geschaffenen Ministeriums für Propaganda und Volksaufklärung, ist die Reichskulturkammer (RKK) geschaffen worden. Als Körperschaft öffentlichen Rechts erfüllt sie seit dem September 1933, unter dem Vorsitz von Goebbels selbst, ihre Hauptaufgabe: die Umsetzung eines langfristigen Plans zur Kontrolle des gesamten intellektuellen und künstlerischen Lebens im Reich, das der zentralen Steuerung des Staates unterworfen ist.

Zahllose Eintragungen in den Tagebüchern Goebbels' geben auf deutliche Weise Aufschluss über die Ziele und Methoden, zugleich auch die Schwierigkeiten der NS-Kulturpolitik, insbesondere in der kulturellen Hauptstadt Berlin. Zwei Beispiele aus dem Dezember 1937:

3.12: *»Die Entjudung der Reichsmusikkammer ist nicht so einfach, wie ich gedacht. Kostet noch viel Mühe. [...] Die Juden setzen wir durch Polizeiverordnungen aus den Kulturveran-*

< Muskelbepackte Athleten und heldenhafte Soldaten: Das ist die Linie in Sachen Kunstpolitik.

staltungen heraus. Ein Gesetz wird zuviel Aufsehen erregen. Führer will mit Recht die gänzliche Abschaffung des Konferenciertyps. Ich werde das machen. Und dann auch alle Theater etc. besitzmäßig arisieren.

9. 12.: *»Ich arbeite an der Arisierung des deutschen Filmexports. Große Schwierigkeiten. Die Juristen sehen keine Möglichkeit der Arisierung der Scala. Ich schaffe sie nun mit Gewalt. Diese Juden werde ich schon kleinkriegen. [...] Letzte Reste der Schallplattenindustrie werden nun auch arisiert.«*

Die Reichskulturkammer mit Sitz in Berlin besteht aus sieben Einzelabteilungen, in die sämtliche existierende Berufsverbände eingegliedert worden sind. Die Zentralverwaltung ist gemeinsam mit dem Propagandaministerium am Wilhelmplatz 8/9 untergebracht, die einzelnen Kammern und Verbände verteilen sich über zahlreiche Dienstsitze in der ganzen Reichshauptstadt.

Die Zwangsmitgliedschaft für alle im Kulturbereich tätigen Deutschen, eingeschlossen »kunstverwandte« Berufe wie etwa Kunsthändler, Restaurator, Kunsthandwerker und Raumausstatter, ist die schärfste Waffe der RKK. 1937 werden renommierte Berliner Verleger wic Bruno Cassirer und Roland von Gizycki aus der Reichsschrifttumskammer ausgeschlossen. Ein Ausschluss oder auch eine Nichtaufnahme bedeuten faktisch ein Berufsverbot, das nicht selten Exil, Emigration oder sogar Selbstmord zur Folge hatte; es betrifft alle Juden, Personen ohne ausreichenden Ariernachweis, nicht regimekonforme Künstler (sogenannte »Kulturbolschewisten«) und diejenigen, die sonst noch im Sinne des Nationalsozialismus hinderlich oder nicht geeignet erscheinen.

Obwohl die Arbeit der RKK sich insgesamt als sehr wirksam erweist, muss das Regime immer wieder direkt intervenieren, etwa mit gezielten Pressekampagnen oder sogar Regierungsanordnungen, um »unkonforme« Elemente (Wissenschaftler, Schriftsteller oder Musiker) unter Druck zu setzen beziehungsweise auf bedeutende internationale Ereignisse zu reagieren. 1937 sind mehrere derartige Eingriffe zu verzeichnen.

Am 26. Januar wird die gesamte deutsche Presse angewiesen, keine Nachrichten über Thomas Mann mehr zu

veröffentlichen. Nur vier Tage darauf, am 30. Januar, wird wegen der Verleihung des Friedensnobelpreises an den deutschen Pazifisten Carl von Ossietzky, die als feindlicher Akt der internationalen Kulturwelt gegenüber Deutschland denunziert wird, allen Deutschen die Annahme eines Nobelpreises verboten. Im Juni gerät ein weiterer Nobelpreisträger, der Physiker Werner Heisenberg, ins Visier der nationalsozialistischen Presse. Wegen seiner Unterstützung der Relativitätstheorie Einsteins wird eine aggressive Kampagne gegen ihn eröffnet. Solche Kampagnen können ihre Opfer auch zum Rücktritt aus ihren Ämtern oder gar aus der Öffentlichkeit zwingen. So den Komponisten Paul Hindemith, der am 30. September unter dem Druck der ständigen Angriffe nachgibt und sein Amt als Lehrer der Staatlichen Musikhochschule Berlins niederlegt.

^ *Der Propagandaminister und Vorsitzende der Reichskulturkammer, Joseph Goebbels, bei einer Massenkundgebung im Jahre 1937.*

In das Jahr 1937 fällt auch die endgültige Ausschaltung eines der wichtigsten Berliner Buch- und Zeitungsverlage. Der Ullstein-Verlag wird am 10. Juni dem nationalsozialistischen Eher-Verlag einverleibt und in »Deutscher Verlag« umbenannt. Die Familie Ullstein war schon 1934 zum Verkauf des Unternehmens gezwungen worden. Zwangsverkauf sowie der Eingriff in die verlegerischen Strukturen gehören zu den am häufigsten angewandten Maßnahmen der Nationalsozialisten zur Gleichschaltung des zuvor äußerst vielfältigen Verlagspanoramas in Berlin.

Um sämtliche Wortmedien zu Instrumenten der Propaganda im Sinne des Nationalsozialismus zu wandeln, ist nicht nur das »Schriftleitergesetz« vom 4. Oktober 1933 verabschiedet worden, das der Person des Schriftleiters die inhaltliche Kontrolle der Texte zuschreibt. Anordnungen wie die »über die Schließung von Zeitungsverlagen zwecks Beseitigung ungesunder Wettbewerbsverhältnisse«, »zur Beseitigung der Skandalpresse« und »zur Wahrung der Unabhängigkeit des Zeitungswesens« bilden die Grundpfeiler eines breiten rechtlichen Rahmens für Ausschlüsse aus dem Reichsverband der deutschen Zeitungsverleger, für Enteignungen und Zwangsverkäufe an NSDAP-kontrollierte Verlage, wie etwa die Phönix-Zeitungsverlag-GmbH oder die Vera-Verlagsanstalt-GmbH.

Nach den SPD- und KPD-Zeitungen, den jüdischen Verlagen, den katholischen und liberalen Blättern, darunter auch international renommierten Zeitungen wie dem *Berliner Tageblatt* und der *Vossischen Zeitung*, ist der Ullstein-Verlag nicht das letzte prominente Opfer der Gleichschaltungsmaßnahmen. 1937 kapituliert ein weiterer Protagonist der »Presseschlachten« der 1920er Jahre, und zwar einer, der die Nationalsozialisten in schwierigen Zeiten aus Überzeugung unterstützt hatte: der konservative Medienzar Alfred Hugenberg. Im März veräußert er auf Druck der NSDAP für 21,25 Millionen Reichsmark die Aktienmehrheit an der 1917 gegründeten Filmgesellschaft Universum-Film AG (Ufa) an eine Holdinggesellschaft unter staatlicher Aufsicht, die Cautio Treuhand GmbH, die im Auftrag Goebbels' arbeitet. Hugenberg war 1933 sechs Monate lang Reichswirtschaftsminister im ersten Kabinett Hitlers, als Belohnung für die genehme Firmenpolitik. Seit dem Rücktritt von diesem Amt hatte er sich ins Privatleben zurückgezogen.

»DAS KÖSTLICHSTE KULTURGUT«

Am Sonntag, dem 11. April, begeht der Berliner Buchhandel in Krolls Festsälen ein Frühlingsfest. Sämtliche Buchhändler Berlins und ihre jüngeren Kollegen, die kurz zuvor ihre Gehilfenprüfung abgelegt hatten und der Reichsschrifttumskammer noch nicht angehören, kommen auf der Feier zum ersten Mal zusammen. In seiner Ansprache gibt der »Leiter des Deutschen Buchhandels«, Wilhelm Baur, den Anwesenden einen Überblick über die Wandlung des deutschen Buchhandels der zurückliegenden vier Jahre.

»Das im März 1933 von Reichsminister Goebbels gegebene Zeichen zum Verbrennen undeutschen Schrifttums«, so Baur, »war zugleich das Fanal der wiedergewonnenen geistigen Freiheit. Jetzt konnte der deutsche Buchhändler wieder für den deutschen Dichter und damit für den deutschen Menschen schaffen.« Tatsächlich aber ist auch der deutsche Buchhandel vom Zusammenschluss aller Kulturvermittelnden in der Reichskulturkammer betroffen. Um die seit 1929 andauernde dramatische Krise der Buchwirtschaft zu überwinden, hatte der Börsenverein des Deutschen Buchhandels schon Anfang April 1933 mit dem Nationalsozialismus eine Art »Pakt mit dem Teufel« geschlossen – das sogenannte »Sofortprogramm des deutschen Buchhandels«, mit dem der Gesamtvorstand des Börsenvereins im Gegenzug zu einer massiven wirtschaftlichen Unterstützung durch den Staat diesem die Bereitschaft zum Entgegenkommen in politischen und rassischen Fragen zusagte.

Literatur-Preis der Stadt Berlin verteilt

Drei Preisträger ermittelt

Gestern abend wurden die Preisträger des Literaturpreises der Stadt Berlin für das Jahr 1937 bekanntgegeben.

Der erste Preis wurde Hermann Zillich für seinen Grenzlandroman „Zwischen Grenzen und Zeiten" zugesprochen.

Den zweiten Preis erhielt Johannes Linke für seine lyrische Sammlung „Der Baum".

Für sein Werk „Die Schiffswiege" wurde von Bremen mit dem dritten Preis ausgezeichnet.

Wilhelm Baur sieht die im Mai 1936 von ihm verkündete vorrangige Aufgabe des deutschen Buchhandels – »die Schaffung eines völlig gesunden Berufsstandes« – nur ein knappes Jahr später gelöst. Beim Frühlingsfest in Krolls Festsälen erklärt er, dass das Judentum aus dem Berufsstand komplett ausgeschaltet sei. Tatsächlich aber gehören fast 50 Prozent der Jungbuchhändler 1937, trotz schwarzer Listen der Gestapo, trotz Manipulation und Terror, keiner der Gliederungen der NSDAP an. Das umfangreiche und finanziell aufwendige Schulungsprogramm der Reichsschrifttumskammer zur nationalpolitischen Indoktrinierung der Buchhändler, in dessen Rahmen auch die Gründung der Reichsschule für den Deutschen Buchhandel in Leipzig 1935 fiel, hat bis zu diesem Zeitpunkt nur geringen Erfolg gehabt. Die Anzahl der Parteimitglieder im deutschen Buchhandel beträgt im Jahr 1937 weniger als 20 Prozent.

Im Gegensatz zu den öffentlichen Bekundungen der staatlichen »Schrifttumspropaganda« erholt sich die deutsche Buchwirtschaft von der Weltwirtschaftskrise nur sehr mühsam. Hinzu kommen hohe Verluste infolge der politischen Eingriffe. Seit 1934 hat der Buchhandel rund zehn Prozent seiner Betriebe verloren; 1936/37 fallen pro Quartal

^ *Hermann Zillichs Roman über das Schicksal Siebenbürgens nach der Auflösung des österreichischen Reichs gewinnt den neu gestifteten Berliner Literaturpreis.*

cirka 80 Neuerscheinungen den Verboten der staatlichen und parteiamtlichen Schrifttumsstellen zum Opfer. Die Gründe für diese Entwicklungen sind die Schwächung des Sortiments durch Konzentration im Verlagswesen, Buchverbote und Beschlagnahmungen durch die Gestapo und den Sicherheitsdienst sowie auch die trotz wirtschaftlichem Aufschwung immer noch geringe Kaufkraft der Bevölkerung.

Allerdings, so Baur beim Frühlingsfest des Berliner Buchhandels, ist »in diesem Berufsstand die kulturelle Aufgabe vor die wirtschaftliche getreten«. Was das bedeutet, lässt sich in einer Rede von Propagandaminister Goebbels zwei Wochen später bei der »Kantate 1937«, einer Großkundgebung des Deutschen Buchhandels in Leipzig, nachvollziehen:

Hier liegt das letzte Geheimnis allen Erfolges beschlossen. Der Buchhändler ist kein Händler mit Büchern. Will er es sein, so bringt er sich damit um jede ideelle und materielle Gewinnchance. Denn wo es um geistige Werte geht, kann auch der materielle Gewinn nur von dem errungen werden, der innerlich klar auf diese Werte ausgerichtet ist und somit in diesem Falle seine Aufgabe weniger darin sieht, Bücher wie Handelsobjekte an den Mann zu bringen, als vielmehr darin, das Volk an das Buch als an eines seiner köstlichsten Kulturgüter heranzuführen. Je klarer und kompromissloser sich der Buchhandel kulturelle und kulturpolitische Ziele setzt, desto gefestigter wird daher auch seine materielle Existenz sein.

Die Zukunftsaufgabe des deutschen Buchhändlers, so Goebbels, heißt: »Treuhänderdienst am deutschen Volk«. »Der Nationalsozialismus«, weiter, »hat sich seit 1933 als der warmherzigste Beschützer und Förderer des deutschen Buches erwiesen. Verleger und Buchhändler sind die geistigen Makler und Mittler zwischen Buch und Volk.« So mahnt denn auch Wilhelm Baur die Berliner Jungbuchhändler bei der Aufnahme in die Reichsschrifttumskammer, »stets im Sinne Hitlers zu wirken«.

Am Abend des 5. Mai ist es für den Berliner Buchhandel schon wieder Zeit zu feiern. Der neu gestiftete »Literaturpreis der Reichshauptstadt Berlin« wird verliehen. »Wieder wie im vergangenen Jahre« – kommentiert der *Völkische*

Beobachter am 6. Mai – »haben dabei die Preisrichter nicht nach dem Gesichtspunkt lokaler Verbindung zur Stadt Berlin ausgewählt, sondern auch nach dem Maßstab ihrer künstlerischen und kulturpolitischen Bedeutung entschieden.«

Der erste Preis in Höhe von 5000 Reichsmarken wird dem siebenbürgischen Dichter Heinrich Zillich für seinen Roman *Zwischen Grenzen und Zeiten* verliehen. Den zweiten Preis (3000 RM) erhält Johannes Linke, »Dichter des bayerischen Waldes«, für seinen Gedichtband *Der Baum*. Der dritte (2000 RM) geht an Carl von Bremen für einen niederdeutschen »Heimatroman« mit dem Titel *Die Schifferwiege*.

Heinrich Zillich wurde am 23. Mai 1898 in Kronstadt geboren. Nach der Teilnahme am Ersten Weltkrieg in der österreichischen Armee beendete er die militärische Laufbahn. 1919 wurde seine Heimat Siebenbürgen nach dem Zusammenbruch Österreich-Ungarns an Rumänien abgetreten; Zillich beteiligte sich an den militanten Auseinandersetzungen. Er studierte und promovierte in Berlin und arbeitete als freier Schriftsteller, ab 1936 in Bayern ansässig. 1937 ist das Jahr seiner Anerkennung: Sein Roman über das Schicksal Siebenbürgens in den Jahren nach der Auflösung des österreichischen Reichs erhält neben dem Berliner Literaturpreis auch den »Volksdeutschen Schrifttumspreis Stuttgart«, er selbst die Ehrendoktorwürde der Universität Göttingen.

Am 1. Juli 1937 überschreitet Hitlers *Mein Kampf* die Drei-Millionen-Auflage. Der *Völkische Beobachter* feiert denn auch die Bibel des Nationalsozialismus als »Buch des ganzen Volkes«. Der Bestseller des Jahres gehört allerdings einer ganz anderen Literaturgattung an. Am 3. September gibt der Berliner Buchhandel bekannt, dass der Jugendroman *Die Biene Maja und ihre Abenteuer* von Waldemar Bonsels (1912 in Leipzig erschienen) in der Belletristik die höchste Auflage erreicht hat. Bonsels übertrumpft 1937 sogar den bislang unschlagbaren Klassiker der deutschen Jugend: Karl Mays *Winnetou*.

^ *Das Ullstein-Haus im Tempelhof: Der wichtigste Berliner Verlag kapituliert am 10. Juni 1937 vor den Nationalsozialisten.*

GLAMOUR UND UNTERHALTUNG: DIE NS-FILMPOLITIK

1937 haben die Nationalsozialisten bereits große Erfahrung mit der Macht bewegter Bilder gesammelt. Schon unmittelbar nach ihrer Machtübernahme war ihnen die Notwendigkeit einer neuen Filmpolitik bewusst geworden. Eine von der Parteipolitik dominierte Filmlandschaft hielt Goebbels allerdings für nicht wirksam, ein unterhaltsames Medium Film würde dem Nationalsozialismus Glanz verleihen und damit viel mehr nutzen. Gemäß den neuen Grundsätzen der NS-Filmpolitik stehen als Instrumente der Propaganda Wochenschauen, Lehr- und Dokumentarfilme zur Verfügung; Spielfilme dienen hauptsächlich der Unterhaltung und erhalten einen scheinbar unpolitischen Charakter.

Es sind vor allem zwei Behörden, die Abteilung Film des Reichspropagandaministeriums und die Reichsfilmkammer, die 1937 die nationalsozialistische Filmpolitik umsetzen. Beiden steht Joseph Goebbels vor und kann somit direkt entscheiden, was in welcher Form gezeigt werden darf. Er nimmt sogar Einfluss auf die Rollenbesetzung mancher Filme und setzt – teilweise öffentlich auf den Seiten des *Völkischen Beobachters*, das ab 1934 auch als amtliches Mitteilungsblatt der RKK fungiert – Rahmenbedingungen und Einschränkungen für die Behandlung gewisser »empfindlicher« Themen.

Die Filmzensur, die es schon zur Weimarer Zeit gab, ist zwar verschärft worden, doch am wirksamsten ist eine Vorzensur durch den Entzug staatlicher Finanzierungsmittel

für politisch missliebige Filmproduktionen. Filme »zweifelhaften« Inhalts werden so überhaupt nicht mehr gedreht. Die Nationalsozialisten entscheiden sich für eine langfristigere Lösung, die Verbote möglichst unnötig machen soll: die Umstrukturierung der deutschen Filmwirtschaft. Um 1937 schreitet die radikale Konzentration des Produktions- und

^ *Ufa-Werbung: Unterhaltsame Filme nutzen dem Nationalsozialismus mehr als jede andere politische Propaganda.*

Verleihsektors zügig voran, während gleichzeitig die Filmkreditbank GmbH durch finanzielle Hilfen für ausschließlich linientreue Filmproduktionsgesellschaften unzuverlässige Firmen »säubert«.

Für die Filmbranche ist die Verstaatlichung des Ufa-Konzerns sicherlich das wichtigste Ereignis des Jahres 1937. Die Firmenpolitik der Ufa, durch den deutschnationalen Geist Hugenbergs geprägt, war von Anfang an von Gehorsam gegenüber dem nationalsozialistischen Regime gekennzeichnet, eine formale Gleichschaltung deshalb bislang nicht nötig gewesen. 1937 aber beginnt der langjährige Konzentrationsprozess der gesamten Filmproduzentenlandschaft in einem einzigen Zentralunternehmen unter staatlicher Aufsicht, der erst 1942 mit der Gründung des staatseigenen Konzerns Ufa-Film GmbH abgeschlossen sein wird.

Anders als die Filmproduktion werden Lichtspieltheater, wie Kinos damals hießen, nicht verstaatlicht. Mit einer Ausnahme: die Ufa-Kino-Kette. Die Freiheit der kleinen privaten Unternehmen wird durch Gesetze und Anordnungen stark eingeschränkt. Jeder Vorstellung ist ein Beiprogramm vorgeschrieben: Dem sogenannten »Hauptfilm«, meistens ein Spielfilm, gehen die Wochenschau und ein »Kulturfilm« voraus. Die Wochenschauen werden von einer Unterabteilung der Abteilung Film im Reichspropagandaministerium unter direkter Überwachung von Goebbels hergestellt. Die sogenannten »Kulturfilme«, populärwissenschaftliche Dokumentarfilme, dienen der Verbreitung zentraler Elemente der NS-Ideologie wie Rassenlehre und Antisemitismus – Themen, die im Spielfilm in der Regel nicht vorkommen. Für ein großes Kinopublikum bilden sie ein Pendant zu den Unterrichtsfilmen, die an Universitäten und Schulen eingesetzt werden und die in den Kompetenzbereich des Reichserziehungsministeriums von Bernhard Rust fallen.

Ab 1934 ist die Altersgrenze von sechs Jahren für Kinobesuche aufgehoben worden, damit die Filmpropaganda wirklich alle Altersgruppen erreichen kann. In den Kinosälen muss nachmittags eine Filmveranstaltung für die HJ organisiert werden, die sogenannte »Jugendfilmstunde«, abends darf ein normales Kinoprogramm für Erwachsene vorgeführt werden.

NEUE STARS FÜR DEN DEUTSCHEN FILM

In den »Goldenen Zwanzigern« galt Berlin als Metropole des Films. Die Zeiten der avantgardistischen Filmkunst allerdings sind 1937 vorbei. Nach der Machtübernahme der Nationalsozialisten haben über 1500 Filmschaffende Deutschland verlassen, darunter einige der prominentesten und bekanntesten deutschen Regisseure und Schauspieler: Fritz Lang, Marlene Dietrich, Max Ophüls, Georg Wilhelm Pabst – ein wahrer Aderlass für die Berliner Filmindustrie, die allerdings technisch immer noch auf die große moderne Ufa-Infrastruktur zurückgreifen kann.

Ab Mitte März 1937 sind dem NS-Staat durch den Verkauf der Hugenberg-Aktien die im Vorjahr gegründete Ufa-Lehrschau auf dem Filmgelände Babelsberg, das erste Filminstitut der deutschen Geschichte, sowie sämtliche Produktionseinrichtungen des Berliner Filmkonzerns in die Hände gefallen: insgesamt 27 Filmateliers, neun in Babelsberg bei Potsdam und sieben in Tempelhof, zwei Studios zur Nachsynchronisation, ein Mischstudio, zwei Trickstudios sowie zwei Ateliers für Werbefilme, eines für Zeichentrickfilme und ein kleines Ausbildungsatelier. Damit gilt Berlin weiterhin als wichtigste Filmproduktionsstätte des Deutschen Reichs.

Bis 1933 war Berlin für Hollywood ein wichtiges Fenster nach Europa. Seit Mitte 1936 ist die Entscheidungsbefugnis über die Einführung ausländischer Filme in Deutschland dem Propagandaministerium übertragen worden. 1937 verschwinden alle ausländischen, vor allem amerikanische

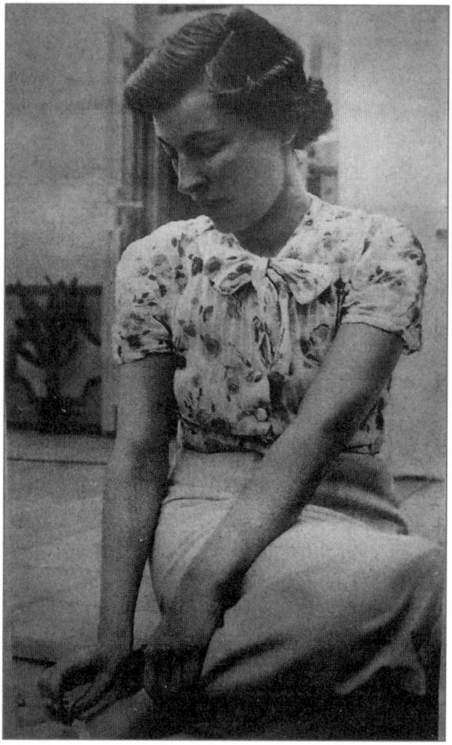

Filme allmählich aus den Programmen der Berliner Lichtspieltheater. Deutsche Revue-, Musical- und Spielfilme müssen diesen Mangel ausgleichen, darüber hinaus müssen aufgrund der massiven Emigration von Künstlern neue Stars aufgebaut werden.

Goebbels selbst begibt sich auf die Suche nach neuen Galionsfiguren für das nationalsozialistische Kino. 1937 verpflichtet die Ufa die Schwedin Zarah Leander, die innerhalb weniger Jahre, auch dank eines wahren Werbefeldzugs der Ufa-Pressestelle, zur bestbezahlten Filmschauspielerin im Deutschen Reich avanciert. Zur massiven Popularisierung der Berliner Filmstars tragen Hörfunkprogramme des Deutschen Rundfunks entscheidend bei. Künstlerpostkarten und Zigarettensammelbilder mit Porträts und Silhouetten der berühmtesten nationalen Filmstars – Marianne Hoppe, Marika Rökk, Zarah Leander, Hans Albers, Heinrich George, Lili Dagover, Heinz Rühmann – sind bei Jugendlichen wie Erwachsenen äußerst populär.

In den vielen und prächtigen Kinosälen der Reichshauptstadt finden im Jahr 1937 zahlreiche Filmuraufführungen statt. Das Programm ist vielfältig, es reicht von leichten, heiteren Komödien und Liebesfilmen über Operette, Revue- und Kolonialfilme, bis hin zu biografischen und Historienfilmen.

^ *Marianne Hoppe: Zur Popularisierung der Berliner Filmstars tragen Rundfunk, Postkarten und die beliebten Zigarettensammelbilder bei.*

WICHTIGE FILMURAUFFÜHRUNGEN 1937 IN BERLIN

5.1.	»Weiße Sklaven«
Regie	Karl Anton
Darsteller	Camilla Horn, Agnes Straub, Werner Hinz
26.1.	»Ball im Metropol«
Regie	Frank Wysbar
Darsteller	Heinrich George, Hilde Weissner
Musik	Walter Kollo
08.2.	»Fridericus«
Regie	Johannes Meyer
Darsteller	Otto Gebühr, Agnes Straub, Bernhard Minetti, Lili Dagover
	Der zwölfte Historienfilm über Friedrich II. seit 1920! Wieder ist Otto Gebühr in der traditionellen Rolle des Alten Fritz zu sehen; er gilt mittlerweile als ideale Verkörperung Friedrichs des Großen. – Der Inhalt: Die preußische Armee ist kurz vor dem Ende des Siebenjährigen Kriegs beinahe geschlagen. Der Verschwörer Graf Wallis (Bernhard Minetti) plant in Absprache mit den Franzosen, Friedrich gefangen nehmen zu lassen. Nur durch Zufall misslingt sein Plan, gleichzeitig befiehlt die russische Zarin Elisabeth (Agnes Straub) ihren Truppen, Berlin anzugreifen. Der Film ist eine Produktion der Diana-Tonfilm GmbH Berlin.

11.2.	»Die Kreutzersonate«
Regie	Veit Harlan
Darsteller	Wolfgang Kieling
12.2.	»Togger«
Regie	Jürgen von Alten
Darsteller	Renate Müller, Paul Hartmann, Mathias Wieman
12.2.	»Lumpacivagabundus«
Regie	Geza von Bolvary
Darsteller	Paul Hörbiger, Heinz Rühmann, Hilde Krahl
19.2.	»Frauenliebe – Frauenleid«
Regie	Augusto Genina
Darsteller	Magda Schneider, Oskar Sima, Peter Bosse
19.2.	»Premiere«
Regie	Geza von Bolvary
Darsteller	Zarah Leander, Attila Hörbiger, Karl Martell *Debüt Zarah Leanders in ihrer ersten deutschsprachigen Filmrolle.*
17.3.	»Der Herrscher«
Regie	Veit Harlan
Darsteller	Marianne Hoppe, Emil Jannings, Harald Paulsen *Für diese Bearbeitung von Hauptmanns Drama* Vor Sonnenuntergang *erhält Veit Harlan den Nationalen Filmpreis und zieht die Aufmerksamkeit Goebbels' auf sich. Er wird zu einem der führenden nationalsozialistischen und antisemitischen Regisseure: Berühmt werden seine im Auftrag Goebbels' gedrehten Ufa-Filme* Jud Süß *(1940) und* Kolberg *(1944/45).* Der Herrscher, *eine Berliner Produktion, sieht Emil Jannings in der Rolle des Industriemagnaten Matthias Clausen, der nach dem Tod seiner Frau gemeinsam mit seiner Sekretärin Inken Peters (Marianne Hoppe) die Veräußerung seines Unternehmens aufhalten will.*

18.3.	»Die göttliche Jette«
Regie	Erich Waschneck
Darsteller	Grete Weiser, Viktor de Kowa
26.3.	»Der Mann, von dem man spricht«
Regie	E.W. Emo
Darsteller	Heinz Rühmann, Gerhard Bienert, Theo Lingen
3.4.	»Gefährliches Spiel«
Regie	Erich Engel
09.4.	»Das schöne Fräulein Schragg«
Regie	Hans Deppe
Darsteller	Hansi Knoteck, Paul Klinger, Otto Gebühr
18.4.	»Unser Kamerun«
Regie	Paul Lieberenz
	Paul Lieberenz ist ein anerkannter Kulturfilmproduzent und die Kolonialthematik, die in Berlin immer großes Interesse erweckt, seine Spezialität. 1932 ist er durch seine Großwildaufnahmen in Südafrika der deutschen Öffentlichkeit bekannt geworden. Unser Kamerun *wird als einer der besten Kulturfilme gefeiert: »Staatspolitisch wertvoll und volksbildend« lautet das Prädikat – die offizielle Bewertung der Filmprüfstelle. »Herrliche Bilder von deutschem Können und Schaffen an der Westküste Afrikas, prächtige Aufnahmen von tropischer Landschaft, von Urwald, Steppe und Savanne, vom Leben der Eingeborenen«, kommentiert die Presse.*
15.7.	»Der Mann, der Sherlock Holmes war« (Spielfilm)
Regie	Paul Lieberenz
Darsteller	Heinz Rühmann, Hans Albers, Marieluise Claudius
18.12.	»La Habanera«
Regie	Detlef Sierck
Darsteller	Zarah Leander, Ferdinand Marian, Julia Serda

KABALE UND LIEBE: DIE ANGEPASSTE THEATERMETROPOLE

Auch 1937 ist die Reichshauptstadt noch die »Theatermetropole« Deutschlands. Die Intendanten der vier größten Schauspielhäuser Berlins sind vier der bedeutendsten deutschen Schauspieler und Theaterregisseure der 1920er und 1930er Jahre. Ihre willige Unterwerfung oder zumindest Anpassung an die kulturideologischen Vorgaben der neuen Machthaber symbolisieren die Kapitulation der lebhaften Berliner Theaterwelt vor dem Nationalsozialismus.

Das Staatstheater, das Deutsche Theater, das Schiller-Theater und die Volksbühne sind weiterhin die wichtigsten Schauspielbühnen, das Preußische Staatstheater Berlin zweifellos das repräsentativste Theater Deutschlands. Neben der traditionellen Hauptspielstätte im damaligen Schauspielhaus am Gendarmenmarkt (Mitte) dient das Schiller-Theater am heutigen Ernst-Reuter-Platz (Charlottenburg) als zweite Spielstätte. 1937 beginnen die umfassenden Umbauarbeiten des Schiller-Theaters durch Paul Baumgarten unter der Beteiligung der Bildhauer Paul Scheurich und Karl Nocke sowie des Malers Albert Birkle. Das Gesicht des Gebäudes soll mit dem herrschenden Architekturgeschmack des Nationalsozialismus in Einklang gebracht werden: Die Fassade wird vereinfacht und ihre Züge im Stil der Neuen Sachlichkeit verändert, der Zuschauerraum wird erweitert und eine »Regierungsloge« eingebaut. 1938 wird das Haus unter der Leitung von Heinrich Schmitz (Pseudonym von Heinrich George) mit Schillers »Kabale und Liebe« wiedereröffnet werden.

Zum Generalintendanten des Berliner Staatstheaters wird 1937 Gustav Gründgens ernannt. Obwohl er schon drei Jahre zuvor zum Intendanten des Staatlichen Schauspielhauses und zum Staatsschauspieler berufen wurde, bleibt sein Verhältnis zum Nationalsozialismus zwiespältig. Hermann Göring ist sein Dienstherr und Schutzengel: Ihm verdankt er die Fortsetzung seiner Karriere im Dritten Reich. Gründgens hatte im Juli 1934 auf seine Homosexualität hingewiesen, der preußische Ministerpräsident und Reichsluftfahrtminister hatte jedoch sein Rücktrittsgesuch nicht angenommen. Göring protegiert Gründgens – über den auch wegen seiner Scheinehe mit Marianne Hoppe viel geredet wird –, dem es gelingt, politisch und rassisch verfolgten Kollegen zu helfen und sein Ensemble stabil zu halten. Im Gegenzug verhilft Gründgens der Geliebten des Ministers, Emmy Sonnemann, zu schauspielerischem Erfolg.

Intendant am 1850 eröffneten Deutschen Theater in der Schumannstraße (Mitte) ist der ehemalige Intendant der Volksbühne, Heinz Hilpert – wie Gründgens und George einer der großen Namen der deutschen Schauspielkunst der Zwanziger. Seit 1934 hat Hilpert den Posten des exilierten Max Reinhardt inne, der ihn 1926 ans Deutsche Theater geholt und zu seinem Oberspielleiter gemacht hatte. Ein offener Sympathisant der Nationalsozialisten ist der Intendant der Berliner Volksbühne, Eugen Klöpfer. Der einst

^ *Laut der* Berliner Illustrirten Zeitung *»eines der schönsten Theater der Welt«: Decken-Gemälde in der Deutschen Staatsoper Unter den Linden.*

angesehene Bühnen- und Stummfilmschauspieler ist auch Präsidialmitglied der Reichsfilmkammer, Vorsitzender der »Dr. Goebbels-Spende-Künstlerdank« und Aufsichtsratsvorsitzender der Ufa. Er wird die einstige »Arbeiterbühne« von Piscator am heutigen Bülowplatz (1937 Horst-Wessel-Platz) die gesamte nationalsozialistische Zeit hindurch leiten.

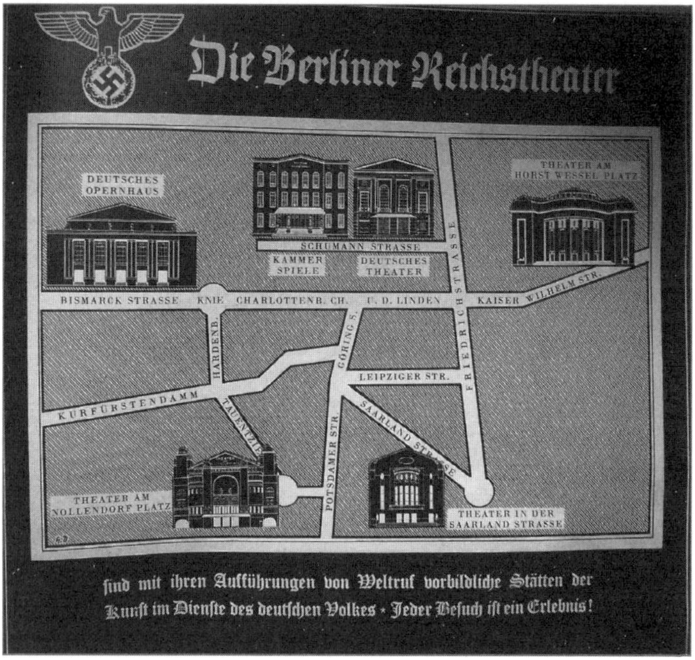

^ *Werbung für die Berliner Theaterlandschaft in der* Berliner Illustrirten Zeitung, *1937: Berlin ist weiterhin die »Theatermetropole« Deutschlands.*

»VERFALLSERSCHEINUNGEN DER KULTURELLEN LEBENSKRAFT«

Das Jahr 1937 steht im Zeichen der endgültigen Abrechnung mit der sogenannten »entarteten Kunst«. Am 30. Juni wird in Berlin die Anordnung erlassen, die Museen von nicht genehmen Exponaten zu »säubern«. Der Präsident der Reichskammer der bildenden Künste, Adolf Ziegler, wird ermächtigt, »die im deutschen Reichs-, Länder- und Kommunalbesitz befindlichen Werke deutscher Verfallskunst seit 1910 auf dem Gebiete der Malerei und der Bildhauerei zum Zwecke einer Ausstellung auszuwählen und sicherzustellen.« Das ist der Auftakt einer landesweiten Beschlagnahme- und Vernichtungsaktion, die binnen kürzester Zeit die Entfernung von über 16 000 Kunstwerken aus deutschen Galerien zur Folge hat. Berlin, mit seinen Schätzen avantgardistischer Kunst aus den 1910ern und 1920ern gerät sofort ins Visier von Ziegler.

Die Verfolgungswelle im Sommer 1937 ist allerdings nicht der erste Vernichtungsangriff auf mit dem Schönheitsideal des Nationalsozialismus nicht in Einklang zu bringende Kunst. Schon 1933 haben Berufsverbote für Künstler, Museumsdirektoren und Hochschullehrer deutlich gemacht, welches Kunstverständnis von nun an zu herrschen hatte. »Dekadente Darstellungen von Erkrankungserscheinungen und Auswüchsen der Zivilisation« sollten künftig verbannt werden; als »Verfallserscheinung der kulturellen Lebenskraft« bezeichnete Ansätze wie Pessimismus, Pazifismus, andere Abweichungen vom Rassenbegriff sowie »fremde und unsittliche Einflüsse« dürfen der »deutschen Kunst« nicht mehr angehören.

Unter das Etikett »entartete Kunst« fallen Werke der abstrakten Kunst und der europäischen Avantgarden: Expressionismus, Dadaismus, Neue Sachlichkeit, Surrealismus, Kubismus. Mit Berufs- und Ausstellungsverboten wurden Künstler wie Georg Grosz, Karl Hofer, Otto Dix, Paul Klee, Ernst Ludwig Kirchner und zahlreiche andere belegt. Innerhalb der NSDAP wurde bis 1935 ein erbitterter Richtungskampf in Sachen Kunst geführt, aus dem der »Philosoph der Bewegung«, Alfred Rosenberg, als Sieger hervorgegangen ist. Seit dem Herbst 1936 gilt seine Linie in Sachen Kulturpolitik: »Kunst an sich« wird abgelehnt, als Kunst gilt »die Schöpfung des nordisch-arischen Blutes«. Daher: »Deutsche Kunst ist Heimatkunst«, die hauptsächlich das Leben von Bauern und Arbeitern, muskelbepackten Athleten und heldenhaften Soldaten darstellt. Die großen Künstler des »neuen« Deutschland heißen Arno Breker, Willy Meller und Josef Thorak.

Seit 1936 herrscht in Deutschland ein totales Verbot jeglicher Kunst der Moderne, vor allem der Avantgarden. Für die neu ernannten Museumsleiter besteht ein Ankaufsverbot für »nicht arische« und moderne Gemälde und Skulpturen. Den ersten Beschlagnahmungsaktionen von 1935 waren weitere gefolgt; Kunstwerke, vor allem Gemälde, wurden in Depots verbannt, ins Ausland verkauft oder zerstört. Gleich nach den Olympischen Spielen erfolgte in Berlin eine erste vorläufige Schließung der Neuen Abteilung der Nationalgalerie im Kronprinzenpalais. Zahlreiche Werke waren schon am 20. Mai 1936 im Heizungskeller des Palais verbrannt worden.

Am 7. Juli 1937 betritt die von Reichskammerpräsident Ziegler geleitete Kommission die Räume des Kronprinzenpalais. Die 1919 vom Direktor der Berliner Nationalgalerie, Ludwig Justi, gegründete »Neue Abteilung« ist bis 1933 die erste Sammlung eines europäischen Museums für zeitgenössische Kunst gewesen und galt als meistbesuchtes Museum Berlins. Dort war beispielsweise die umfassendste Sammlung expressionistischer Kunst untergebracht.

Die von Goebbels gestartete Aktion »Entartete Kunst« trifft das Kronprinzenpalais besonders. Die Ziegler-Kommission hat den Auftrag, Werke aus der zwei Tage zuvor geschlossenen Galerie zum Zweck einer Ausstellung zu beschlagnah-

men. Der Direktor der Nationalgalerie der Berliner Museen, der Kunsthistoriker Eberhard Hanfstaengl, ist an dem Tag abwesend und drückt so seine Ablehnung aus, mit Ziegler zusammenzuarbeiten. Er wird wenige Wochen später »beurlaubt«. Die beschlagnahmten Werke aus der Berliner Nationalgalerie – insgesamt 164 Gemälde, 27 Skulpturen und 326 Zeichnungen – werden nach München gebracht. Dort wird am 19. Juli im Haus der Deutschen Kunst die Großschau »Entartete Kunst« eröffnet, in der 650 konfiszierte Kunstwerke aus 32 deutschen Museen gezeigt werden.

Die Ausstellung wird bis 1941 in zwölf Städte wandern und über drei Millionen Besucher anziehen. In der Schau werden die Bilder absichtlich schlecht gehängt, die Exponate mit Zeichnungen von geistig Behinderten gleichgesetzt und mit Bildern von verkrüppelten Menschen kombiniert, um so bei den Besuchern Abscheu und Beklemmung zu erregen. Die Werke kehren nach der Ausstellung nicht in ihre Museen zurück, sondern gelangen zum Verkauf ins Ausland. Aufgrund der Menge sowie auch wegen des Vorbehalts vieler Sammler, Gemälde aus dem »Dritten Reich« zu kaufen, wechseln zahlreiche Stücke bei Auktionen für nur geringe Preise den Besitzer. Etliche Werke lässt Göring für sich privat beschlagnahmen. Annähernd 5000 nicht verkaufte »entartete« Werke werden am 20. März 1939 im Hof der Berliner Hauptfeuerwache in der Lindenstraße 40-41 in Kreuzberg im Rahmen einer »Übung« verbrannt werden.

^ *Das Kronprinzenpalais: Hier war eine der größten Sammlung zeitgenössischer Kunst in Europa untergebracht. Die Aktion der »Ziegler-Kommission« traf sie besonders.*

MUSIKALISCHE GENIES UND STIMMUNGSKANONEN

Im Bereich der klassischen Musik soll die große Tradition der deutschen Komponisten die von Deutschland beanspruchte Vormachtstellung in der Welt kulturell legitimieren. Beethoven, Wagner, Bach, Mozart, Haydn und Brahms: Alle werden ideologisch umgedeutet und vereinnahmt. Gleichzeitig werden »jüdische« und avantgardistische Komponisten, von Mendelssohn-Bartholdy bis Arnold Schönberg, abgelehnt. Auch zeitgenössische Künstler, wie Hanns Eisler, Paul Dessau, Heinz Tiessen und zahlreiche andere, werden von der Reichsmusikkammer, deren Präsident bis 1935 der Komponist Richard Strauß war, ausgeschlossen, als »Kulturbolschewisten« beschimpft, mit Aufführungsverbot belegt und verfolgt. 1937 wird die Reichsmusikkammer von einer Schlüsselfigur in der Gleichschaltungspolitik im deutschen Musikleben geleitet: Peter Raabe.

Das Aushängeschild der Berliner Musikwelt sind die Berliner Philharmoniker, schon damals eines der besten Symphonieorchester weltweit. Seit 1922 wird das Ensemble, das sein Stammhaus in der Bernburger Straße hat, von dem überragenden Komponisten Wilhelm Furtwängler dirigiert. Die Nationalsozialisten haben von Anfang an versucht, die internationale Reputation Furtwänglers für ihr eigenes Renommees zu nutzen. 1937 ist der Komponist aus Berlin-Schöneberg auch Chef der Salzburger Festspiele und Vizepräsident der Reichsmusikkammer, obwohl er selbst sich weiterhin als unpolitischen Künstler sieht.

Furtwänglers Haltung gegenüber den Machthabern bleibt ambivalent. Bekannt sind seine Worte gegen die Diskriminierung jüdischer Musiker: »Nur einen Trennungsstrich erkenne ich letzten Endes an: den zwischen guter und schlechter Kunst«, hatte Furtwängler in einem offenen Brief am 11. April 1933 an Goebbels geschrieben. Der Briefwechsel mit dem Propagandaminister war im *Berliner Tageblatt* erschienen. Ein Jahr später war Furtwängler als Leiter der Berliner Staatsoper und der Philharmoniker zurückgetreten, weil er das Aufführungsverbot für Hindemiths *Mathis der Maler* nicht hinnehmen wollte.

Dass er 1937 Deutschland nicht verlassen hat und wieder die Berliner Philharmoniker leitet, scheint Görings Verdienst zu sein. Furtwängler wollte 1936 nach Amerika gehen, um dort als Dirigent der New Yorker Philharmoniker Nachfolger

^ *Die Berliner Scala war das erste Volksvarieté Deutschlands. 1937 ist sie weiterhin gut besucht – und wird von »Nichtjuden« betrieben.*

von Toscanini zu werden. Eine angeblich von Göring lancierte Falschmeldung, der Komponist habe die Leitung der Berliner Staatsoper verbindlich zugesagt, hatte Proteste ausgelöst, die zur Absage Furtwänglers geführt hatten.

Führende Persönlichkeiten der äußerst lebendigen Berliner Opernwelt sind Werner Egk und Heinz Tietjen. Ersterer

^ *Ablenkung der »Volksgenossen«: Kabarettisten, Schlagersänger und Varietétänzer haben den Berlinern Sorge und Ängste zu nehmen.*

ist 1937 seit wenigen Monaten Kapellmeister an der Staatsoper Unter den Linden. Im Jahr der Olympischen Spiele, 1936, hatte er eine Goldmedaille als »Orchestermusiker« bekommen. Egk, der in den folgenden Jahren von Goebbels auch einen Musikpreis und die Leitung der Fachschaft Komponisten der Stagma (Staatlich anerkannte Gesellschaft für musikalische Aufführungsrechte) in der Reichsmusikkammer erhalten wird, arbeitet in Berlin unter dem Intendanten Heinz Tietjen, Sohn eines Diplomaten und Schüler von Arthur Nikisch, der 1937 schon zehn Jahre als Generalintendant aller Preußischen Staatstheater im Amt ist.

Schwierigkeiten bereitet die Unterwerfung der leichteren Unterhaltungsmusik und unter die NS-Doktrin – trotz intensiver Verfolgung von »unerwünschten« Musikern lässt sich keine absolute Gleichschaltung erreichen. Anleihen an den Swing sind inoffiziell gestattet, wenn auch nur mit deutschen Texten. Das Verbot »jüdischer« und »Nigger-Musik«, wie etwa des Jazz, haben besonders in Berlin, wo die musikalische Szene Deutschlands vor dem Machtantritt der Nationalsozialisten am lebendigsten und weltoffensten war, große Lücken in der populären Musik hinterlassen. Durch die zahlreichen und sehr beliebten Musikfilme und Operettenverfilmungen sind die Stimmen von Heinz Rühmann, Marika Rökk und Zarah Leander, von Liane Haid, Johannes Heesters und Lale Andersen im ganzen Reich äußerst populär.

1937 gibt es allerdings in Berlin noch Nischen, in denen offiziell verbannte Musik gehört werden kann und verpönte Musiker auftreten können. Um für gute Stimmung zu sorgen, werden manchmal die strengen Vorschriften umgangen. Deutschlands Schallplattenindustrie ist weiterhin eine der größten in Europa. Anti-Jazz-Sendungen im Rundfunk, die den Hörern angeblich abstoßende Kostproben »entarteter Musik« bieten sollen, erreichen genau das Gegenteil. Die Ausstellung »Entartete Musik« im darauf folgenden Jahr in Düsseldorf wird die Resonanz der Münchener Bilderausstellung nicht erreichen können.

Obwohl die »wilden Zwanziger«, in denen Berlin als die europäische Hauptstadt des Vergnügens galt, endgültig vorüber sind, werden die wichtigsten Varietébühnen dieser »goldenen« Zeit noch betrieben – und vom Publikum intensiv besucht. Kabarettisten, Schlagersänger und Varietétänzer: Sämtlichen Künstlern der Unterhaltungsbranche ist vom Regime die Aufgabe anheimgestellt worden, den »Volksgenossen« Sorgen und Ängste zu nehmen und eine Fassade des schönen Scheins zu wahren.

1933 von »Nichtjuden« übernommen, ist die »Scala« in der Martin-Luther-Straße 22, als größtes Revuetheater Deutschlands weltweit berühmt, weiterhin erfolgreich. Gut besuchte Programme zeichnen auch das »Plaza« am alten Ostbahnhof aus. Um 1930 war es das erste Volksvarieté Deutschlands, das gezielt die Arbeiterschaft als Publikum ansprach. Nun spielt das »Plaza« fast ausschließlich für die Organisation »Kraft durch Freude«, von der es 1938 komplett übernommen wird. Das »Haus Vaterland« zählt seit Ende der Zwanziger jährlich rund eine Million Gäste. In den Räumen am Potsdamer Platz finden zahlreiche Konzerte, Vorführungen und Tanz- und Varietéveranstaltungen statt. Doch die beliebteste Unterhaltungsbühne der Reichshauptstadt bliebt der »Wintergarten« am Bahnhof Friedrichstraße, unter dessen Sternenhimmel in der großen Kuppel einst große Künstler wie Rastelli, Houdini, Claire Waldoff und Otto Reuter aufgetreten sind. Auch Tanz- und Nachtlokale in Berlin sind weiterhin gut besucht.

Mit der Auswanderung jüdischer Komponisten und Schlagerdichter, wie etwa Fritz Rotter, Robert Gilbert und Walter Jurmann, verlassen allerdings Witz und Frivolität die Schlagermusik. Der Humor verändert sich. Schluss ist es auch mit Marlene Dietrich und Fritzi Massary (beide 1933 nach Amerika emigriert), dem Vokal-Ensemble »Comedian Harmonists« (Auftrittsverbot seit 1934, aufgelöst 1935) und Gastspielen der amerikanischen Ziegfeld-Girls, die in den Ballsälen Berlins auch zu deutschen Schlagern getanzt hatten.

1937 fügt der Hamburger Dichter Hans Leip einem Lied, das er bereits 1915 während einer Wache in der Kesselstraße in Berlin geschrieben hatte, zwei Verse hinzu. Das Lied heißt »Lili Marlen« und wird in seinen Gedichtband *Die kleine Hafenorgel* aufgenommen. Nur wenige Monate später schreibt Norbert Schultze, Komponist von Soldaten- und Propagandaliedern, eine Melodie dazu. Es ist die Geburtsstunde eines der größten Liederfolge aller Zeiten. Erst von Lale Andersen, dann auch von Greta Garbo und Marlene Dietrich gesungen, wird sich das Lied in den darauf folgenden Jahren zum ersten deutschen Millionenseller entwickeln. Zu seiner Verbreitung wird der deutsche Soldatensender in Belgrad um 1941 erheblich beitragen, obwohl Goebbels das Lied eigentlich wegen seines »morbiden und depressiven« Textes hatte verbieten lassen.

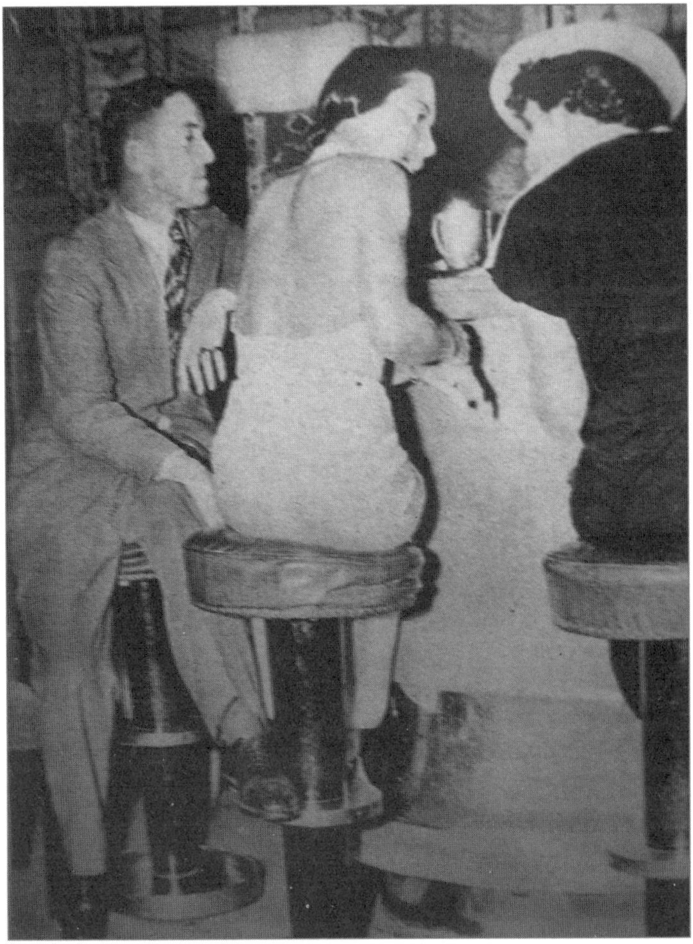

^ *Die »wilden Zwanziger« sind vorbei, aber Berlin bleibt die »Vergnügungshauptstadt« Deutschlands.*

Pauli
erlin W, Rankestraße 20
mdes Hamburger
chtlokal
RIORITA
Berliner Nachtleben • Ka
Tanzbar
Joachimsthaler Str. 35
Das Montparnasse-
Lokal in Berlin
atlantic-bar
NACHTLEBEN MIT CHARMANTEN TÄNZERINNEN
KURFÜRSTENDAMM 14
Nachtleben Barbetrieb
Schöne Tänzerinnen?
dann nur
Königin
am Kurfürstendamm 235
Budapest bei Nacht
Uhlandstrasse 20/21
zu den 3 feurigen Zigeunern
HAUS
VATERLAND
IM OKTOBER
Willi Hanack sagt an
Zina & Patty, humoristisches Tanzpaar
Melia
die tanzende und musizierende Jongleuse
Ernö Awello, lustige Schattenspiele
Bela Sarközi, der Meister der Geige,
und Joe Knümann,
Komponist und Klaviervirtuose
Ohayo-Trio
Original japanischer Handbalance-Akt
2 Mensos, Fechtsportnummer
The Sithey's
schottisch.Exzentrik-Tanzparodisten
Kapelle
JOHN
ABRIANI
BETRIEB
KEMPINSKI
Alt-Bayern
am Bahnhof Friedrichstr. 94
Tel. Berlin 16 23 31
Casino
Blumen
straße 10
Rheinische
Winz
GESANG-TANZ • SEIT 1899 NUR

Intime Bar
Tauentzienstraße 12
•Kapelle Heinz Huppertz
DELPHI
Kantstr. 12 a. am Bahnhof Zoo
Berlins schönster Tanz-Palast
René Schmassmann's
Lanigiro's
erstmalig in Berlin
zum Tanztee u. abends
Zeitgemäße Preise - Eig. Parkplatz - Bar
EINTRITT FREI
...und abends in die
femina
das Ballhaus Berlins
BALLSAAL-BAR
PUSZTA
SCHOPPENSTUBE
SIECHEN
Tauentzienstr. Ecke Nürnbergerstr.
Kakadu
AM KURFÜRSTENDAMM
Tanz · Bar · Kabarett
Die schönste Tanzstätte
Modernes Kabarett 9h
Tanzkasino u. Bar
Bayernhalle – Bayernschenke
Histor. Bierkeller 6h
SOMMERLATTE'S
Shanghai
ALBRECHTSTR. 11 Bhf. Friedrichstr.
TANZ-BAR
Wasser- und Lichtwunder
2 Kapellen, 86 000 Lampen
Tischtelefone, Tischrohrpost:
Ballhaus
esi
TANZ BAR
Kajüte
im Cafe Berolina
Alexanderplatz
Intimes Nachtleben
zerstuben
UR LEIPZIGERSTR. 31-32
ase
Potsdamer Platz
Eintritt frei!
Origineller
Nachtbetrieb

»GEBT MIR VIER JAHRE ZEIT«

DIE BERLINER PROPAGANDASCHAU

Am 1. Februar 1933 um 22 Uhr, unmittelbar nach seiner Ernennung zum Reichskanzler, hatte Hitler im Rundfunk einen Aufruf an das deutsche Volk verlesen: »Die Parteien des Marxismus und seine Mitläufer haben 14 Jahre lang Zeit gehabt, ihr Können zu beweisen. Das Ergebnis ist ein Trümmerfeld. Nun, deutsches Volk, gib uns die Zeit von vier Jahren und dann urteile und richte uns!« Vier Jahre und drei Monate darauf, am 30. April 1937, öffnet auf dem Berliner Ausstellungsgelände am Funkturm die Reichsausstellung »Gebt mir vier Jahre Zeit« ihre Tore.

Die Ausstellung ist eine politische Großschau. In acht Ausstellungshallen will die Reichsregierung bis zum 20. Juni den Berlinern und dem gesamten deutschen Volk mit allen Mitteln moderner Ausstellungstechnik Rechenschaft über die ersten vier Jahre ihrer Arbeit geben: Der »Führer« hat seine Versprechen gehalten – das ist die Botschaft, die die Besucher erreichen soll.

Die Erwartung unter den Berlinern ist groß. Hitler hatte die Ausstellung schon am 30. Januar in seiner Rede vor dem Reichstag angekündigt, und die Berliner Presse hat seitdem regelmäßig und detailliert von ihrem Aufbau berichtet. Der Zeitpunkt der Eröffnung, unmittelbar vor dem Beginn der Feierlichkeiten zum »Tag der nationalen Arbeit«, dem nationalsozialistischen 1. Mai, soll die politische Bedeutung der Propagandaschau noch unterstreichen.

»Die lang ersehnten Sonnenstrahlen«, berichtet der *Völkische Beobachter* am Tag nach der Eröffnungsfeier, »fluten

< »Die größte Ausstellung aller Zeiten«: 1937 ist für die Nationalsozialisten das »Rechenschaftsjahr«, Berlin stellt die geeignete Kulisse.

über den Ehrenhof zwischen den Hallen I und II. Hakenkreuzbanner an 20 Meter hohen Masten flattern, von leichtem Winde bewegt, hin und her. Zwei bronzeschimmernde Adlerpaare am Kaiserdamm und vor dem Ehrenhof grüßen ebenfalls von den Masten her die eintreffenden Ehrengäste der Ausstellungseröffnung.« Wenige Minuten vor 11 Uhr treffen Hitler und Goebbels gemeinsam auf dem Messegelände ein.

»Den Leistungs- und Rechenschaftsbericht über das, was erreicht worden *ist*«, so Goebbels in seiner Ansprache als Schirmherr der Ausstellung, »kann man nicht besser darstellen als in Vergleich zu dem, was es zu erreichen *galt*, als der Nationalsozialismus das Erbe einer scheinbar hoffnungslos zerrütteten Zeit antrat.« Diese Ausstellung, erklärt der Propagandaminister, sei eine »Schau der Gegensätze«, in der die Deutschen eine effektvolle Gegenüberstellung der Lebenszustände in Deutschland vor und nach der nationalsozialistischen Machtübernahme zu sehen bekämen: »Wie es am Ende des Jahres 1932 und 1936 im Lebens- und Wesensraum der deutschen Nation aussah, das erinnert einzig und allein an den Unterschied zwischen Nacht und Tag [...]. Damals Hass und Zersplitterung, heute Kameradschaft und einiges Ziel, damals Kulturschande, heute Kulturverantwortung, damals ein Volk ohne Freiheit und Brot, heute eine Nation in Arbeit und Wehr.«

In einer kurzen Ansprache erklärt Hitler die Ausstellung für eröffnet.

^ *Eröffnungsfeier der Reichsausstellung »Gebt mir vier Jahre Zeit« am 30. April 1937 am Kaiserdamm (Halle I).*

DIE »SCHAU DES EINGELÖSTEN VERSPRECHENS« – EIN RUNDGANG

Von der Deckenmitte von der **Halle I** hängt das Hoheitszeichen des Dritten Reiches herab, ein riesiger, erleuchteter Adler mit 27 Meter Schwingenweite und einem Gewicht von 27 Tonnen. Im Rund über die ganze Breitseite der Halle verteilt stehen auf neun Sockeln neun überlebensgroße Bilderbücher von 8,50 Metern Höhe und 6 Metern Breite. Maschinen mit bis zu sechs Zentner schweren Zahnrädern, die in die Sockel eingebaut sind, klappen die Seiten dieser Bücher um, die jeweils sechs verschiedene Bilder zeigen. Sie führen den Besucher an den Inhalt der Ausstellung heran und geben Bericht über die Grundthemen der Schau: »deutsche Arbeit«, »deutscher Sozialismus«, »deutsche Kultur« und »deutsche Politik«.

Um die Besucher »das Wunder der deutschen Wiedergeburt« möglichst emotional erleben zu lassen, leuchten die insgesamt 54 Lichtbilder in abgemessener Zeitfolge unter den Strahlen der Scheinwerfer auf, während Musik und Texte die Wirkung des Bildberichtes noch verstärken. Die Grundlage für diese »nationale Wiedergeburt« bilden die zwölf wichtigsten Gesetze, die die Regierung in den vergangenen vier Jahren verabschiedet hat. Auf fünf Meter hohen Glastafeln sind die Gesetzestexte abgedruckt: knappe Sätze, die »Wesen, Recht und Aufbau des neuen Staates, der ein 70-Millionen-Volk aus dem Chaos der Zersplitterung und des Niederganges zu einiger, machtvoller Größe geführt hat, und dessen Bestand bis in fernste Zeiten gesichert ist«, umfassen. Die Gesetzentwürfe mit der Unterschrift des »Führers« und der jeweiligen Reichsminister liegen vor den gläsernen Wänden.

Die zwölf Grundgesetze der nationalsozialistischen Regierung (Halle I)

Reichsbürgergesetz vom 15. September 1935

Gesetz zum Schutz des deutschen Blutes und der deutschen Ehre vom 15. September 1935

Reichskulturkammergesetz vom 22. September 1933

Gesetz über das Staatsoberhaupt des Deutschen Reiches vom 1. August 1934

Gesetz zur Behebung der Not von Volk und Reich (Ermächtigungsgesetz) vom 24. März 1933

Gesetz zur Sicherung der Einheit von Partei und Staat vom 1. Dezember 1933

Erbhofgesetz vom 29. September 1933

Reichsarbeitsdienstgesetz vom 26. Juni 1935

Gesetz zur Ordnung der nationalen Arbeit vom 20. Januar 1934

Gesetz für den Aufbau der Wehrmacht vom 16. März 1935

Gesetz über den Neuaufbau des Reichs vom 30. Januar 1934

Verordnung über die deutsche Staatsangehörigkeit vom 5. Februar 1934

Als Überleitung von der Halle I, wo sich der Besucher einen Überblick über die »Fundamente des Dritten Reiches« verschafft hat, zur Halle II fungiert **Halle Ia**, umgebaut zu einem Lichtspieltheater. »In diesem Raum«, rühmen sich die Veranstalter im amtlichen Ausstellungskatalog, »haben die neuesten film- und lichttechnischen Forschungen und akustischen Erkenntnisse ihre praktische Anwendung gefunden.« Der Filmraum umfasst Sitz- und Stehplätze für rund 2000 Gäste. Auf der Leinwand sind die eindrucksvollsten Wochenschauen über den wirtschaftlichen Aufbau und die nationalsozialistische Lebensgestaltung des deutschen Volkes der vergangenen vier Jahre zu sehen.

In **Halle II** erhebt sich ein 20 Meter hohes Bild des »Führers«, umrahmt von Darstellungen arbeitender Bauern und

VÖLKISCHER BEOBACHTER

Vier Jahre Aufbau

Betriebe gesunden

Industrielle Produktion in Milliarden RM.

Arbeit schafft Werte

Der Verbrauch steigt

Gerettete Landwirtschaft

Mehr eigene Rohstoffe und besserer Außenhandel

Landwirtschaftliche Produktion in Milliarden Reichsmark

Arbeiterscharen unter rauchenden Industrieschornsteinen. Dem Bild gegenüber ragen zwei große Soldatenfiguren als »Wachposten am Rhein« auf. Die Botschaft ist leicht verständlich: Deutschland arbeitet wieder, geschützt von den Waffen wiedergewonnener Wehrhoheit. Beim Eintritt in die Halle wird der Besucher von einer statistischen Darstellung der »siegreichen Arbeitsschlacht« empfangen. Auf einem riesigen Gittergerüst sinkt die Kurve der Arbeitslosigkeit spektakulär: Fünf der sechs Millionen Arbeitslosen von 1932 sollen wieder Arbeit haben. In der Tat ist die Zahl der Erwerbslosen im Reich im Jahre 1937 durch die steigenden Aufträge an die Rüstungsindustrie zum ersten Mal seit 1928 wieder unter eine Million gesunken. Der Besucher erhält hier In-

^ *Die wirtschaftliche Entwicklung lebendig und anschaulich darstellen: Hier ein Auszug aus dem* Völkischen Beobachter *anlässlich der Ausstellung.*

formationen über die Finanzierung der Arbeitsbeschaffung sowie die »Erneuerung« der Kredit- und Geldwirtschaft im Dritten Reich. Dass der Wirtschaftsaufschwung und die Verbesserung des Arbeitsmarktes in Deutschland auch Folge einer wieder belebten Konjunktur der Weltwirtschaft nach der Krise von 1929 ist, wird verschwiegen, genauso wie die Tatsache, dass sich das Reich gerade maßlos verschuldet.

Bilder, Modelle, Statistiken und vor allem vier in die Halle eingebaute, von oben herabhängende Dreiecke mit insgesamt 16 Seitenflächen geben dem Besucher einen Überblick über Arbeitsbeschaffung, Aufbau der »Volksgemeinschaft«, Landgewinnung und »Nahrungsfreiheit«, Siedlungs- und Bauwirtschaft, Verkehrs- und Motorisierungspolitik, Sozial- und Kulturpolitik sowie angebliche Finanzsanierung und »Befreiung der Reichsbank von internationaler Kontrolle«. Die Darstellung ist immer lebendig und anschaulich: knappe Zahlenvergleiche, effektvoll verstärkt durch Licht, Farbe und Bilder – alles ist so vereinfacht worden, dass es jeder nachvollziehen kann, ohne viel reflektieren zu müssen.

Ein gigantischer Schiffsdieselmotor eröffnet die »Parade der technischen Spitzenleistungen«. Ein Hochleistungsmotorpflug, das Modell eines Schöpfwerks zur Moorentwässerung und andere neueste landwirtschaftliche Maschinen zeigen die Bemühungen des Staates zur Bodenverbesserung. Zum Thema »Bauen und Siedeln« ist neben zahlreichen plastischen Darstellungen von Industriearbeitersiedlungen und Altstadtsanierungen auch ein Modell des neuen Reichsluftfahrtministeriums in Berlin zu sehen. Eine 135 Tonnen schwere Kniehebel-Ziehpresse stanzt direkt vor den Augen der Besucher Karosseriebleche und Kotflügel. Drei moderne Kunstharzpressen in ständigem Betrieb veranschaulichen Neuentwicklungen wie die synthetischen Gummis »im Kampf um Deutschlands Rohstoff-Freiheit«; Metallaustauschstoffe, Gasgeneratoren und Motorgehäuse aus Aluminium sollen einen Gesamtüberblick über den hohen Technikstand der Nation geben.

Besondere Aufmerksamkeit ist dem Aufschwung der Motorisierung gewidmet. Als »Symbol deutscher Kraftfahrt« und »deutschen Motorbaus« ist ein »Silberpfeil«, einer der bei internationalen Wettkämpfen erfolgreichsten Rennwa-

gen, ausgestellt. Im Ausstellungsbereich »Verkehr« werden neben einem 62 Meter langen Modell der Reichsautobahn in allen Teilabschnitten und anderen »verkehrstechnischen Wunderwerken« der erweiterte Bahnhof Zoo in Berlin und die Neugestaltung des Flughafens Tempelhof zum »größten Flughafen der Welt« gezeigt. Die Deutsche Reichsbahn weist mit Miniaturzügen in voller Fahrt über Schienenbänder auf die Geschwindigkeitssteigerung des deutschen Schienenverkehrs hin.

Mit Statistiken, Fotos und Modellen von Kraftomnibussen und Landkraftwagen jüngster Bauart stellt sich auch die Deutsche Reichspost, der »größte Kraftfahrzeughalter Europas«, dar. Die Besucher können die Briefmarken des Dritten Reichs in den Originalentwürfen der Künstler und in fertigen Bögen bewundern. Brandneu ist die »Führermarke«, die ersten Briefmarke mit Hitler-Porträt, die das Reichspostministerium erst am 24. März angekündigt hat. Damit gehören die Nationalsozialisten zu den Ersten weltweit, die die Briefmarke als ideales Propagandamittel entdecken.

Zum Thema »deutsche Kultur und deutscher Sozialismus« gehört die bildliche Darstellung des Weges, den die Spenden an das Winterhilfswerk des deutschen Volkes bis hin zu den Betreuten nehmen. Teil der Leistungsschau sind aber auch die Betreuung der Arbeiter durch die NS-Ge-

^ *»Stählerne Romantik«: Ein Blick in die Geheimnisse der Technik. Der Motor eines Sportwagens.*

meinschaft »Kraft durch Freude«, durch die Organisation »Schönheit der Arbeit« und die Freizeitgestaltung durch die Parteigliederungen. Modelle des Königsplatzes in München, des Deutschen Hauses auf der Pariser Weltausstellung sowie der neu entstandenen »Ordensburgen« der NSDAP und der SS-Führerschule Bad Tölz stehen als Beispiele für den monumentalen Baustil des »Dritten Reiches«.

Die gesamte Nordseite der Halle gehört der Wehrmacht, die hier zum ersten Mal im Rahmen einer Ausstellung eine Gesamtschau ihrer Waffengattungen gibt. Das Heer ist unter anderem mit zwei Panzerkampfwagen, einer 15-cm-Feldhaubitze, einem Langrohrgeschütz mit Zugkraftwagen und einigen Modellen neuer Kasernen vertreten. Unter der Decke schweben vier Bomber der jungen Luftwaffe wie im Sturzflug, auf sie sind Scheinwerfer und Flakgeschütze gerichtet. Ferner liegt ein U-Boot »U 9« der Kriegsmarine, 42,5 Meter lang und 3,25 Meter breit, in der Ausstellungshalle.

Auf dem großen **Freigelände hinter der Halle II** hat die Hitlerjugend ein Modell für ihre zahlreichen geplanten Heime errichtet. Auch der Reichsarbeitsdienst zeigt in drei Baracken Feierabendarbeiten und neue Filme. Eine breite Rampe führt den Besucher hinauf zur **Galerie der Halle II**. Hier sind rund 3000 ausgewählte Lichtbilder von Berufsfotografen, Pressebildberichterstattern und Liebhaberfotografen ausgestellt.

^ *Bomber im Sturzflug: Deutschland kann sich wieder »wehren«.*

In den **Hallen III und IIIa** liegt der Schwerpunkt auf Fotografie, Druck und der Reproduktionsindustrie. In überdimensionierten Wandbildern sind Vergrößerungen und Montagen von Fotos ausgestellt. Weiter sind das Deutsche Handwerk mit Werkstattschauen und die Reichspost mit Darstellungen des Fernsehens und des Fernsprechens vertreten.

Kameras, Filmgeräte, Aufnahmematerial und sämtliches Zubehör von der Optik bis zum Belichtungsmesser werden in der **Halle IV** gezeigt. Auch über die Entwicklung der deutschen lithographischen Technik von der Erfindung des Steindruckes bis zur Gegenwart des Jahres 1937, insbesondere über die Fortschritte der vergangenen Jahre auf dem Gebiet der fotolithografischen Verfahren, des modernen Offsetdrucks und der fotomechanischen Kopierverfahren, wird ausführlich berichtet. Die in Betrieb befindlichen Maschinen der verschiedenen Abteilungen »Druck und Reproduktion« erregen unter den Ausstellungsgästen ein besonders starkes Interesse. Die »Schule der Stadt Berlin für die graphischen Gewerbe« hat gebrauchsgraphische, fotokünstlerische und kartographische Schülerarbeiten ausgestellt.

Der zweite Teil der Ausstellung, in den **Hallen IV bis VIII**, ist der Reichshauptstadt mit einer großen Sonderpräsentation »Die ersten vier Jahre Arbeit im Geiste des Führers« vorbehalten. Große Glasbilder eröffnen in einer Art Eingangsraum zu Halle IV eine Schau, die die jüngste Geschichte Berlins versinnbildlichen soll. Zum ersten Mal wird im Original das »Gesetz über die Verfassung und Verwaltung der Reichshauptstadt Berlin« vom 1. Dezember 1936 mit der Unterschrift des Führers, des Reichsinnenministers Dr. Frick und des Preußischen Ministerpräsidenten Generaloberst Göring dem Berliner Publikum vorgestellt, verdeutlicht durch eine klare graphische Aufteilung der neuen reichshauptstädtischen Verwaltung.

Sämtliche Ereignisse und Maßnahmen, die das Leben der Hauptstadt in den vergangenen vier Jahren geprägt haben, vom Gesetz zur Verminderung der Arbeitslosigkeit über die Einführung des Kurzstreckentarifs der BVG und das Messebauprogramm bis zur Schaffung des Literaturpreises der Reichshauptstadt Berlin und selbstverständlich den Olympischen Spielen im Sommer 1936, werden fotografisch und plastisch vorgeführt. Im Mittelpunkt des Rundbaues der **Halle V** steht ein drehbares Modell von fast sechs Meter Umfang, das die wichtigsten städtischen Bauten und Bauvorhaben Berlins seit der Machtübernahme zeigt: Die neuen Stadthäuser, Bezirksrathäuser, Straßenanlagen, Jugendheime, Krankenhäuser, Sport- und Erholungsplätze, Brücken, Schulen und Gartenanlagen – insgesamt rund 200 Bauten. Um dieses Modell herum zieht sich in einem 40 Meter großen Halbkreis eine Darstellung der erfolgreichen Durchführung der »Arbeitsschlacht« in Berlin. Ein breites Band, das immer schmaler wird, veranschaulicht den Rückgang der Arbeitslosigkeit und zugleich die Abnahme der Wohlfahrtslasten. Laut dem Statistischen Amt der Reichshauptstadt Berlin sank die Zahl der Erwerblosen in der Stadt von Anfang 1933 bis zum 31. Januar 1937 von rund 630 000 auf 140 338. Nicht minder beeindruckend sollen die Betriebsergebnisse des Flughafens Berlin-Tempelhof oder die Zahlen der jährlichen Geburten wirken.

Halle Va ist zu einem großen Tresor umgebaut worden, in dem ein »leichtverständliches« Bild von den Finanzen Berlins gezeigt wird: Der Berliner Bär hält eine Waage, deren Schalen vollkommen gleich ausgerichtet sind. In gigantischen Geldsäulen ist der Vergleich von Berlins Einnahmen und Ausgaben in den Jahren 1932 und 1935 dargestellt. Eine große Leuchttafel soll dem Besucher darüber Aufschluss geben, aus welchen Einnahmequellen das Geld fließt, das die Reichshauptstadt täglich benötigt, und wofür es verwendet wird. Kaum zu übersehen ist die polemische Haltung, mit der die Veranstalter durch diese Scheintransparenz den Besucher dazu bringen wollen, die Misswirtschaft der »roten Bonzen« aus Weimarer Zeit mit der verantwortungsvollen Finanzverwaltung des Nationalsozialismus zu vergleichen.

In **Halle VI** stellt ein graphischer Großbetrieb einen Querschnitt seiner Arbeit aus. Bilder modernster Buchdruck- und Rotationsmaschinen, Musterdrucke in Buch-, Offset- und Tiefdruck, aber auch eine »Zweitourenmaschine mit Druckbestäuber« und eine Tiefdruckmaschine in vollem Betrieb sind hier zu sehen. Gezeigt wird der druck- und buchtechnische Herstellungsprozess am Beispiel von Hitlers »Mein

^ *Ausstellungsbesucher bewundern eines der zahlreichen Modelle, die als Beispiel für den monumentalen Baustil des »Dritten Reichs« stehen.*

Kampf«. In einem »Fernsehhaus« erhält man Aufschluss über den Fernsehrundfunk und die Bildtelegrafie. Eines der neuen »fahrbaren Postämter«, ein Ausstellungssonderpostamt und fliegende Markenverkäufer ergänzen das Bild des modernen Postverkehrs. Der gesamte westliche Teil der Halle VI ist dem Deutschen Handwerk vorbehalten.

Halle VII gehört ganz dem Buch- und Zeitschriftenwesen, insbesondere Neuerscheinungen der vergangenen vier Jahre werden hier präsentiert. Gezeigt werden ferner den modernen Aktenvernichtungsmaschinen, die »in Sekundenfrist ganze Schriftenberge zu unkenntlichen Fetzen zerreißen«.

In der weiten **Halle VIII** ist eine Ausstellungsdruckerei untergebracht. Während der gesamten Dauer der Schau erscheint hier zweimal wöchentlich die Ausstellungszeitschrift *Schwarzweiß*, die kostenlos an die Besucher verteilt wird. Die Zeitschrift wie auch Plakate und Ansichtskarten werden vor den Augen der Besucher in unterschiedlichen Druckverfahren hergestellt. »Es kann durchaus möglich sein«, lassen die Veranstalter wissen, »dass ein Besucher, der beim Betreten der Halle I zufällig fotografiert wurde, sein Bild schon in der Ausstellungszeitschrift findet, sobald er auf seiner Wanderung durch die gewaltige Schau in die Halle VIII kommt.« In einem Kino berichten Kulturfilme über die Herstellung einer Zeitung.

Ein Pavillon des »Reichsstandes des Deutschen Handwerks« steht auf dem **Freigelände** mit einem großen Schachspiel und einer Schau ausgewählter Handwerksarbeiten zur Besichtigung. Die Organisationen der Kleinsiedler, Eigenheimbesitzer und Kleingärtner sind hier mit Mustergärten zur Anregung für die Ausgestaltung von Haus- und Kleingärten vertreten. Vom Landeswohlfahrts- und Jugendamt der Reichshauptstadt wird ein Freiluftkindergarten betrieben, in dem die Ausstellungsbesucher ihre Kinder betreuen lassen.

»BERLINS GRÖSSTER AUSSTELLUNGSERFOLG«

Am 19. Juni gibt der *Völkische Beobachter* bekannt, dass die Reichsausstellung »Gebt mir vier Jahre Zeit« aufgrund des ungewöhnlich großen Interesses und der stets steigenden Besucherzahlen verlängert wird, und zwar um eine Woche bis einschließlich Sonntag, dem 27. Juni. »Damit«, so die Berliner Ausgabe des NS-Parteiorgans, »ist auch denen, die in dieser Zeit der beginnenden Hochsaison der deutschen Bade- und Kurorte über Berlin in die Sommerfrische fahren, Gelegenheit geboten, die große Reichsausstellung zu besichtigen. Kraft durch Freude-Sonderzüge werden auch in der Verlängerungswoche aus allen Gauen nach Berlin fahren.« Sieben Tage später geht die Ausstellung zu Ende. Allein am letzten Tag sollen laut offiziellen Verlautbarungen etwa 35 000 Besucher die Hallen am Funkturm besichtigt haben. Nun müssen die Hallen sofort geräumt werden, damit mit den Umbauarbeiten für die am 30. Juli zu eröffnende Funkausstellung begonnen werden kann.

Am 27. Juni zieht der *Völkische Beobachter* eine Bilanz der zweimonatigen Schau:

Am Sonntag wurde in der Berliner Messestadt die Ausstellung »Gebt mir vier Jahre Zeit« beendet. Es war die erste politische Ausstellung von Rang und Bedeutung, die bisher vom Nationalsozialismus in Deutschland veranstaltet worden war, und Berlins größter Ausstellungserfolg. Es war eine Schau des Dankes an den Führer und der Mahnung an alle, sich in der Schnelllebigkeit und Eile unserer Zeit Rechenschaft abzulegen

über die gewaltigen Leistungen der ersten vier Jahre nationalsozialistischer Regierung. Etwa 1 350 000 Menschen haben sehen dürfen, wie der Führer und seine Männer alle Gebiete des Lebens, der Politik, Kultur, Wirtschaft und Erziehung, um die wichtigsten Abschnitte zu nennen, mit neuem Schwung erfüllten und dem deutschen Menschen neue Kraft gegeben haben. [...] Mit ihren fast eineinhalb Millionen Besuchern, unter denen auch viele Ausländer waren, war die große nationalsozialistische Leistungsschau sogar noch stärker besucht als die Deutschland-Ausstellung, die doch im vergangenen Jahre durch die Olympischen Spiele besonders gute Voraussetzungen hatte. Groß wie die Besucherzahl war dementsprechend auch die Begeisterung, die die Schau in jedem einzelnen auslöste. Der beifällige Widerhall der Ausstellung erfasst dabei auch weite Kreise des Auslandes, das die in eine derartige monumentale Schau zusammengeballte Leistung des Nationalsozialismus ebenso bewunderte, wie die neuartigen Mittel der Ausstellungstechnik.

^ *Ein großer Erfolg: Laut offiziellen Verlautbarungen besuchten etwa 35 000 Personen die Berliner Ausstellung »Gebt mir vier Jahre Zeit«.*

136

700 JAHRE BERLIN

AUSSTELLUNG UND FESTWOCHE

Es ist Sommer und Berlin hat Geburtstag. 700 Jahre wird die Stadt alt – so meint zumindest der Historiker und Berliner Stadtarchivar Ernst Kaeber. Von ihm stammt die Idee, 1937 ein Stadtjubiläum zu feiern.

In der Debatte um die Ursprünge der Doppelstadt Berlin-Cölln im Mittelalter vertritt Kaeber, der sich in Ermangelung der Gründungsurkunden auf die doppelte urkundliche Ersterwähnung Cöllns (1237) und Berlins (1244) stützt, die These einer Gründung der Stadt »um 1230«. Der Stadtbiograph sieht in einem feierlichen Berlinjubiläum die Gelegenheit, eine neue große Gesamtdarstellung der Geschichte der Reichshauptstadt herauszubringen. Schon 1928 hatte er dem Berliner Oberbürgermeister Gustav Böß vorgeschlagen, das Fest im Jahre 1930 zu feiern. Böß hatte aber abgelehnt: Die Zeiten der schweren politischen Krise der Weimarer Republik und der hohen Arbeitslosigkeit schienen für eine prunkvolle Feier nicht geeignet zu sein. Zuversichtlich hatte Kaeber dann seine Hoffnung auf das Jahr 1937 gerichtet, um anlässlich der Ersterwähnung Cöllns das 700-jährige Bestehen Berlins zu feiern.

Tatsächlich greifen die Nationalsozialisten auf den Gedanken des Stadtarchivars zurück. Die wirtschaftliche Lage in Deutschland und in der Reichshauptstadt ist, wie von Kaeber gehofft, eine günstigere für die Veranstaltung eines denkwürdigen Jubiläumsfests, und die Nationalsozialisten wollen sich die Gelegenheit nicht entgehen lassen, die Feier zu einer gewaltigen Selbstinszenierung zu nutzen und

< *Eine Ansichtskarte zum 700. Geburtstag Berlins.*

dabei ihre eigene Version der Berliner Geschichte durchzusetzen.

Am Sonnabend, dem 14. August, eröffnen der stellvertretende Berliner Gauleiter, Staatsrat Görlitzer, und der Oberbürgermeister und Stadtpräsident von Berlin, Julius Lippert, feierlich auf dem Freigelände der Berliner Messestadt am Kaiserdamm die Ausstellung »700 Jahre Berlin«. Die große Schau ist der Auftakt zur 700-Jahr-Feier der Reichshauptstadt, einer ganzen Woche ununterbrochener Feierlichkeiten und Spiele, die wegen der außerordentlichen Anteilnahme der Bevölkerung – und sicherlich auch aufgrund der besonderen politischen Umstände, in der sie stattfindet – in die Geschichte der Stadt eingehen wird.

Die große »Freigeländeschau« am Funkturm, die »die Abschnitte der siebenhundertjährigen Entwicklung den Berlinern und unseren auswärtigen Gästen im Erleben nahe bringen« will, so Julius Lippert in seiner Eröffnungsansprache, ist längst noch nicht alles, was sich die Nationalsozialisten für diesen besonderen Anlass vorgenommen haben. Das ehrgeizige Berliner Stadtoberhaupt, der die Feier nutzen will, um aus Goebbels Schatten zu treten und seine Stellung als »Herrscher Berlins« zu stärken, hat die Verantwortung für die Vorbereitungen übernommen, der von ihm geleitete Organisationsausschuss hat ein reiches und buntes Festprogramm gestaltet, in dem teilweise auch lokale Berliner Traditionen – wie etwa der Stralauer Fischzug –, wiederentdeckt werden, um das Bild einer Kontinuität des Nationalsozialismus mit der »wahren« Stadtgeschichte zu vermitteln.

Im Mittelpunkt der Feierlichkeiten stehen drei zentrale Großveranstaltungen: die Ausstellung am Kaiserdamm, die bis zum 12. September zu besichtigen ist, der Festzug durch die Innenstadt, an dem etwa 4500 Menschen in 1700 historischen Gewändern aus verschiedenen Epochen mitwirken, und das Festspiel »Berlin in sieben Jahrhunderten deutscher Geschichte« im Olympiastadion. Auf dem Plan der Festwoche stehen aber auch der »Tag der Bezirke«, an dem die Einwohner der 1920 eingemeindeten Stadtteile mit einem »Blumenkorso« ihre lokalhistorischen Identitäten zelebrieren, die Aufführung der Oper »Herakles« in der Dietrich-Eckhardt-Freilichtbühne (heute Waldbühne) und Konzerte im Stadtschloss.

^ *Titelblatt des amtlichen Katalogs der Berlin-Ausstellung am Kaiserdamm.*

DIE »FREIGELÄNDESCHAU«

Aus dem amtlichen Führer durch die Ausstellung am Funkturm:

Die Ausstellung »700 Jahre Berlin« hat [...] nicht, wie etwa die Gewerbeausstellung von 1896, »Alt-Berlin« mit viel Romantik und noch mehr Kitsch aufgebaut. Sie lässt vielmehr die Dokumente der einzelnen Zeitabschnitte zu den Menschen von heute sprechen, nicht nur Urkunden, die das Schicksal der Stadt erzählen, sondern die Dinge, die die Vorfahren schufen und mit denen sie lebten. [...] Da der Geburtstag unserer Stadt in die schöne Zeit des Hochsommers fällt, ist auch die Ausstellung aus den gedeckten Hallen ins Freie gegangen, auf das schöne Freigelände am Funkturm, auf dem Millionen bunter Blumen zwischen den springenden Wassern und am Terrassengartenabhang blühen; [...] Daher nennt diese Ausstellung sich auch eine Freigeländeschau am Funkturm.

Das Ausstellungstor, durch das die Besucher die Schau betreten, ist dem alten Halleschen Tor naturgetreu nachgebildet worden. Rechts und links von ihm stehen ein »Akzise-Häuschen« und ein Wachhaus: Stadtsoldaten lassen nur die Gäste passieren, die den nötigen Zoll, eben die »Akzise«, bezahlt haben. Durch das Tor betritt der Besucher einen Barockgarten, dessen Mittelweg direkt auf das »Historische Kabinett« führt. Der Kabinett-Pavillon ist mit Unterstützung des Märkischen Museums eingerichtet und in drei Räume eingeteilt worden. Vor dem Pavilloneingang hängt die Originalglocke des alten Berliner Rathauses.

DAS »HISTORISCHE KABINETT«

Die 700-Jahr-Feier der Nationalsozialisten bedeutet ein vorläufiges Ende jener sowohl populären als auch wissenschaftlichen Gegenversionen der Stadtgeschichte, die bisher kursiert haben und den Machthabern besonders missfallen. »Glauben Sie nicht mehr, dass Berlin aus wendischen Fischerdörfern entstanden ist!«, mahnt der Historiker Max Arendt, zusammen mit Otto-Friedrich Gandert und Eberhard Faden Autor einer Festschrift mit einer Gesamtdarstellung der Geschichte Berlins für das Jubiläum, die Berliner: »Berlin ist von Anfang an eine bewusst deutsche Stadtgründung gewesen und hat in frühester Zeit sein gut Teil dazu beigetragen, dass das Deutschtum in den wiedergewonnenen Gebieten festen Fuß fassen und weiter vordringen konnte.«

Genauso »unbequem« wie die Legende vom slawischen Ursprung Berlins sind auch die These der »Unreinheit« der Berliner Bevölkerung – hier missbrauchten die Nationalsozialisten die von Ernst Kaeber vorgelegten statistischen Beweise für den deutschen Charakter Berlins – und die Deutung der sogenannten »Berliner Unwille«, des Aufstandes von 1447/48 gegen den Kurfürsten, als Zeichen des Willens Berlins zur Selbstbehauptung gegen eine autoritäre Macht. Eine Darstellung zeigt »altgermanische« Anfänge Berlins; das Mittelalter steht dabei im Zentrum und verbindet sich unmittelbar mit der nationalsozialistischen Gegenwart.

Auf einem »Geburtstagstisch der Stadt Berlin« im **Raum 1** werden dem Besucher die wichtigsten Dokumente aus der Gründungszeit Berlins präsentiert. Neben den Urkunden der ersten Erwähnung von Berlin und Cölln liegen das Berliner Stadtbuch, das Stadtbuch von Cölln, die ältesten Stadtsiegel und ein romanischer Silberkelch aus dem 13. Jahrhundert. In der Mitte des Raumes steht ein großes Holzmodell der Doppelstadt in ihren ersten Jahrhunderten, nachgebaut auf der Grundlage von spätmittelalterlichen Plänen, Bildern und Urkunden. Zahlreiche Gegenstände erzählen vom Alltagsleben der Berliner in diesen frühen Tagen: eine Fleischerordnung, Brot- und Semmelrechnungen, Mandate gegen das Kartenspielen, Bilder von Trachten- und Kleiderordnungen sowie Tonkrüge und Zinnbecher als Beispiele für die Handwerkskultur jener Zeit.

Ein großes Holzmodell der Stadt Berlin im Jahre 1750 ist Mittelpunkt des **Raumes 2**. Eine Reihe ausgewählter Gegenstände – Abbildungen, Seidentapisserien, Stiche und Ölgemälde – legt Zeugnis ab vom Leben im Berlin des 18. Jahrhunderts. Ein Panoramabild zeigt die Stadt vom Lustgarten aus im Jahre 1708, Stiche und weitere Zeugnisse erinnern an die Einwanderung der Hugenotten und der vertriebenen Salzburger, die dem Handel in Berlin Schwung verliehen. Dazu sind Originalexemplare der ersten Berliner Zeitungen zu sehen.

Im **Raum 3** veranschaulicht eine Kurve an der Wand die schwindelerregende Bevölkerungsentwicklung Berlins von 160 000 Einwohnern um 1800 auf 3,9 Millionen im Jahre 1920. Besonders hervorgehoben wird hier eine angebliche »neue Gesinnung« der Berliner nach der Zeit der französischen Besatzung – als Beleg dafür werden die Aufrufe der preußischen Krone »An mein Volk« und »Gold gab ich für Eisen« von 1813 gezeigt. In diesem Raum sind zudem die bedeutendsten Förderer der Berliner Industrie, Schwarzkopff, Borsig, Siemens, mit ihren ersten Lokomotiven und Telegrafen zu sehen. Auf einem Globus leuchtet die nun Weltstadt gewordene Reichshauptstadt symbolisch als großer Verkehrsknotenpunkt Europas. Abschluss der Schau ist eine Dokumentation der Zeit des Nationalsozialismus und der »mit ihm verknüpften Wiedergeburt Berlins«. Wie auch in den anderen Veranstaltungen der Festwoche und in den zahlreichen Publikationen und Zeitungssonderbeilagen, die im Rahmen der Feier herausgebracht worden sind, werden hier Hitler und seine Bewegung nicht nur als »Befreier« Berlins, sondern als diejenigen dargestellt, die die Geschichte der Spreemetropole einer Erfüllung nahebringen.

DAS FREIGELÄNDE

Wie von Lippert in einem Artikel vom 15. August 1937 im *Völkischen Beobachter* erklärt, lehnt der Nationalsozialismus »eine tote und nur gelehrsame Darstellung der Vergangenheit« ab, »denn für die Menschen unserer Zeit bedeutet Geschichte das Leben unseres Volkes [...].« Deshalb zeigt die historische Freiluftausstellung am Funkturm das, »was an der Vergangenheit uns heute noch interessant und für die Entwicklung wichtig erscheint.« Die Schau soll also ein Erlebnis, soll *living history* sein, Geschichte vor allem lebensnah wirken, in die Gegenwart eindringen und sich mit ihr mischen.

Nach dem Besuch des »Historischen Kabinetts« kann sich der Besucher in den Terrassengarten begeben: ein großes Rasenoval mit einem erhöhten Terrassenrestaurant. Mitten im Blumengarten tritt hier jeden Nachmittag das Ballett der Ausstellung mit 150 jungen Tänzerinnen und Tänzern in einem »Berliner Bilderbogen« auf: »Sie tanzen als Marketenderinnen durch die wilde Landknechtszeit des alten Berlin«, schreiben die Veranstalter im amtlichen Ausstellungskatalog, »sie tanzen in duftigen hellen Rokokokostümen, Mädchen und Pagen, die lebensfrohe galante Zeit; sie bewegen sich durch die Berliner Luft um die Jahrhundertwende als Soldaten und Köchinnen, als Berliner Rangen und Schusterjungen, und sie zaubern endlich mit ihren Tanzbeinen im Sportkleid das moderne sportliche Berlin auf den grünen Rasen. Im Schlussbild führt das Wappentier, der Bär, höchstpersönlich seine drolligen Tänze vor.«

Eine Straße führt den Besucher von dem Terrassengarten durch Schützenzelte weiter zum Schützenplatz. Der Besucher, von Bolzenjungen in mittelalterlichen Kostümen umkreist, kann hier zeigen, was er als Schütze im traditionellen Altberliner Armbrustschießen vermag: »Wer sich eine Schusskarte gelöst hat«, lassen die Veranstalter wissen, »kann sich zum Wettschießen einreihen und seine zwei Schüsse abgeben. Wer Glück hat, schießt eine Prämie vom Vogel ab, wer keines hat, muss sich mit dem Vergnügen trösten. (...) An den Sonntagen finden Hauptpreisschießen statt. Da kann der Schützenkönig mit einem Gaskühlschrank unter dem Arme oder mit anderen wertvollen Preisen stolz den Platz verlassen.« In den Schützenzelten erklingen mittelalterliche Melodien. Es gibt auch eine Fleischerei und eine Bäckerei, die »für das leibliche Wohl der Schützen und der Zuschauer« sorgen.

Über einen breiten Weg gelangt der Besucher durch »Tore aus bunten Stangen mit goldenen Girlanden und flatternden Bändern« auf den Festplatz, der den Abschluss der »Freigeländeschau« bildet. Hier soll die Atmosphäre Berlins vor 100 Jahren wachgerufen werden. Buden im Stil der Zeit reihen sich aneinander. In einem von der NS-Kulturgemeinde betreuten Theater zappeln die Marionetten am Draht. Es gibt auch ein altes Pony-Karussell, einen kleinen Zirkus mit

^ *Marketenderinnen aus dem Alten Berlin: Das Ballett der Ausstellung auf dem Terrassengarten.*

Tierschau, Seiltänzer bewegen sich auf Drahtseilen und aus einem Springbrunnen sprudelt Wasser. Die Hauptattraktion ist aber die Zauberbude des »Zaubermeisters Kaßner«, wo der Zauberer einen Elefanten verschwinden und eine junge Frau frei in der Luft schweben lässt. In der Mitte des Festplatzes steht das »Berliner Panorama«, ein kleiner Rundbau, in dem man durch etwa 30 Gucklöcher schaurige Begebenheiten aus der Berliner Geschichte betrachten kann: einen nächtlichen Kriegsalarm in alten Zeiten, Hinrichtungen, Verbrennungen, Explosionen und Katastrophen. Aus den Gucklöchern lächeln dem Besucher aber auch alte populäre Berliner Figuren zu: der Fuhrunternehmer Kremser aus der Luisenstraße, der Buchdrucker Litfaß, der Maurermeister Rabitz, die Herren Knorke und Hackepeter. Wer will, kann noch den Pavillon des Reichsstandes des Deutschen Handwerks mit verschiedenen Sonderschauen besuchen.

Ansonsten stehen rund um den Festplatz stehen Waffel- und Zuckerbäcker, Mandelbrenner und Pfefferkuchenhändler. Der Besucher kann in Würfelbuden sein Glück versuchen oder in der Berliner Gaststätte »Zum alten Pichelmann« eine »kühle Blondine mit Morgenrot« genießen.

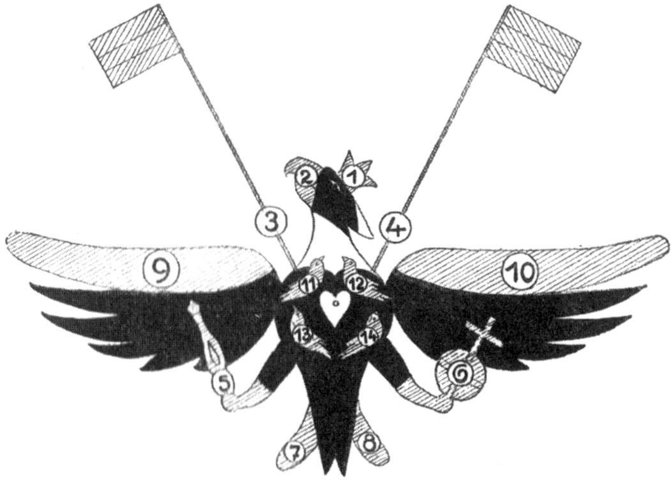

^ *Der Schützenvogel: Besucher der »Freigeländeschau« konnten sich im traditionellen Altberliner Armbrustschießen versuchen. Gewinnverteilung: Krone 1. Prämie, Schnabel 2. Prämie, Fahnenstangen 3. und 4. Prämie.*

DER FESTZUG

Über den Sonntagmorgen, den 15. August, berichtet am Folgetag der *Völkische Beobachter*:

Von den unzähligen Türmen der Stadt klingen acht Glockenschläge [...] Berlin schläft gar nicht mehr, sondern ist an diesem Tage vielleicht sogar noch früher wach geworden, als an Werktagen. Während die achte Stunde schlägt, sind schon Tausende und aber Tausende unterwegs, um festzustellen, ob das Geburtstagskind auch überall festlich geschmückt ist. Vor allen Dingen in den Hauptstraßen Berlins und in noch größerem Maße an der großen Feststraße, die sich vom Rathaus bis zum Olympiastadion hinzieht, kann man die Berliner schon spazieren gehen sehen. [...] Sie haben alle vergnügte Gesichter, [...] Berlin sieht wunderschön aus. Fast an allen Fenstern grüßen die Fahnen des Dritten Reichs. An den Fassaden der Häuser stehen in unendlichen Reihen herrliche mit Goldbändern verzierte Girlanden entlang. Hier und dort blitzt aus Fenstern und Türen eine goldene 700 heraus.

In den großen Schaufenstern leuchten Blumen in zarten Farben, von Meisterhänden zu wunderschönen Reliefs einzelner Bauten zusammengesetzt. Aber das alles ist nur ein kleiner Teil des gewaltigen Festkleides der Riesenstadt. Erst wenn man die hunderte schlanker, weißer Masten Unter den Linden gesehen hat, erst wenn man die bunten Fähnchen und die reizenden Lampions, die in langen Reihen über die Charlottenburger Chaussee ein prächtiges Bild der Buntheit und Beschwingtheit bieten, gesehen hat, erst wenn man die Kro-

BERLINER Nr. 195 · Sonntag, 15. August 1937 15 PFENNIG

MORGENPOST

700 Jahre Berlin

Berlins Mission

Von Dr. Julius Lippert, Oberbürgermeister und Stadtpräsident

Wenn man in der Systemzeit die Veränderungen betrachtete, die sich im Leben der Reichshauptstadt abgespielt haben, dann ergab sich immer dasselbe trostlose Bild: Erhöhung der Arbeitslosenzahl, Steigerung der Schuldenlast und des Fehlbetrages im städtischen Haushalt, der Wohnungsbau stockte, die Eheschließungen und Geburtenzahlen wurden von Monat zu Monat geringer. Wieviel hoffnungsfreudiger haben sich dagegen die Jahre nach der Machtübernahme gestaltet.

Ich bin mir bewußt, daß in Berlin noch viel zu tun ist, um auch die letzten Ueberbleibsel einer versunkenen Welt durch den Geist der neuen Zeit zu ersetzen. Mit vollem Recht können wir aber heute schon sagen, daß die Reichshauptstadt sich in den letzten vier Jahren wesentlich verschönt hat. Es wird allerdings noch Jahre dauern, bis die bauliche Umgestaltung Berlins, das nach dem Willen des Führers zu einer der repräsentativsten Hauptstädte der Welt gemacht werden soll, endgültig abgeschlossen ist.

Wir haben, besonders in der letzten Zeit, schon viele Monumentalbauten in Berlin errichten können, die Jahrhunderte überdauern werden. Und neue große Pläne, die fast bis ins letzte durchgearbeitet sind, harren der Verwirklichung. Für die Stadtverwaltung ergeben sich aus dieser Tatsache naturgemäß außerordentlich bedeutungsvolle Aufgaben, die meine Mitarbeiter und ich voll Stolz in Angriff nehmen werden.

Als die wichtigste Aufgabe betrachte ich schon seit Jahren die bauliche Umgestaltung des Teiles von Berlin, der die Urzelle Berlins darstellt: die Innenstadt. Die Veränderungen, die die Gegend am Molkenmarkt erfährt, sind in vollem Gange, viele der gewaltigen Bauten, die hier errichtet werden, gehen in den nächsten Jahren ihrer Vollendung entgegen. Ich will in diesem Zusammenhang noch an den Horst-Wessel-Platz erinnern, der heute mit zu den schönsten Plätzen der Reichshauptstadt zählt, während er früher zu den übelsten Schandflecken Berlins gehörte. Die nationalsozialistische Stadtverwaltung hat hier gezeigt, daß sie der Verpflichtung eingedenk ist, für alle Berliner Volksgenossen gesunde und ausreichende Wohnungen zu schaffen. Auch auf allen anderen Gebieten wird die nationalsozialistische Stadtverwaltung stets danach streben, der Bevölkerung zu helfen und in ihr das Bewußtsein zu stärken, daß ihr Berlin die wirkliche Heimat ist.

Ich bin überzeugt, daß alle Berliner Volksgenossen heute stolz auf ihre Heimatstadt sind und mich im Zeichen der 700-Jahr-Feier darin unterstützen werden, eine Volksgemeinschaft zu schaffen, die in vorderster Reihe in dem Kampf um Deutschlands Größe steht.

nen aus weißroten Bändern an den Lampen, die gewaltigen goldbebänderten Flaggen an den öffentlichen Gebäuden, die herrlichen Bauten unserer Stadt abends im tausendkerzigen Licht der Scheinwerfer gesehen hat, kann man sagen, dass man das festliche Berlin wirklich kennt.

[...] Welch ein unvergessliches Bild ist das Rathaus mit seinem herrlichen Schmuck, mit seinen gestaffelten Fahnen bis zur Höhe des Turmes hinauf, welch ein herrliches Bild ist

^ *Berlins Mission: Titelblatt einer Sonderausgabe der* Berliner Morgenpost *zum Stadtjubiläum.*

^ *Der Festzug am 15. August 1937 ist in die Stadtgeschichte eingegangen.*

die Anfahrtstraße zum Olympiastadion mit seinem phantastischen Flaggenmeer. Ja, die Berliner können wirklich zufrieden sein, mit dem Festkleid ihrer Stadt zur 700-Jahre-Feier.

»Ganz Berlin auf den Beinen« titelt die Parteizeitung der NSDAP. Um 10 Uhr vormittags beleben sich die Straßen immer mehr. Das Gedränge am Brandenburger Tor, Unter den Linden und vor dem Rathaus ist fast schon »lebensgefährlich«. Aber auch in allen anderen Bezirken der Metropole wollen Massen von Berlinern das Fest miterleben. Ein Reporter des Völkischen Beobachters beschreibt Vater, Mutter und Sohn, die an einer Straßenecke in Moabit stehen und auf den Festzug warten.

»Ich sage noch einmal, nur der Festzug kommt in Frage«, ertönt die Stimme des Vaters. »Das ist für den Jungen lehrreich und außerdem muss man so etwas gesehen haben; denn schließlich gibt es so schnell keine solche Geburtstagsfeier mehr.«

»Aber die Ausstellung draußen auf dem Freigelände ist doch auch schön und lehrreich«, meint die Mutter.

»Ach nee«, der Junge fängt fast an zu weinen, »ich will doch wenigstens eenmal Karussell uff dem Stralauer Fischzug fahren!«

»Wenn ihr nicht wisst, was ihr wollt, gehen wir wieder nach Hause.«

Der Vater macht ein böses Gesicht.

»Aber wat denn, wat schimpfste denn. Dein Jesicht sieht ja aus, als ob du jrade siebenhundert Jahre alt wirst.«

Ein Vorbeigehender ist an die Familie herangetreten.

»Ick sage dir eens. Heute siehste dir den Festzug an. Vielleicht jehst de anschließend ooch noch mit dem Kleenen uff den Fischzug. Deine Frau aber jeht morjen, wenn du arbeeten bist, in de Ausstellung; denn die is ja ooch morjen noch uff.«

Sprichts und geht weiter. Die drei stehen verblüfft.

»Na, nehmen wir den Vorschlag an?« fragt der Vater schmunzelnd. Mutter nickt mir dem Kopf, und zufrieden marschieren sie in Richtung Lehrter Bahnhof, um den gewaltigen Festzug zu sehen.

Im Roten Rathaus leiten zur gleichen Zeit die Klänge der Ouvertüre von Der Freischütz von Carl Maria von Weber, vom Landesorchester Gau Berlin vorgetragen, die feierliche Ratsherrensitzung ein. Der »Führer« hat die Bühne ganz dem »ersten Mann an der Spree«, dem Propagandaminister und Berliner Gauleiter Joseph Goebbels überlassen. Hitler sendet nur ein Glückwünschtelegramm, das von Oberbürgermeister Lippert verlesen wird.

Im Mittelpunkt der Sitzung steht die Ansprache von Goebbels, dem von Lippert im Namen der Stadtverwaltung auch ein Ehrenschild für besondere Verdienste um Berlin verliehen wird. Der »Eroberer« Berlins zu den Anwesenden:

Es ist für uns alte Nationalsozialisten eine besondere Ehre und große Freude, zum Buch der ruhmreichen Geschichte Berlins ein Blatt hinzugefügt zu haben, von dem wir glauben und hoffen, dass es auch von späteren Generationen nicht achtlos überschlagen werden wird. Es ist uns gelungen, in knapp zehn Jahren aus dieser nach Moskau einst rötesten Stadt der Welt wieder eine wahrhaft deutsche Stadt zu machen. [...]; heute ist es unser tiefstes Glück, die 700-Jahr-Feier der Reichshauptstadt in einem deutschen Deutschland und in einer nationalsozialistischen Stadt feiern zu können. [...]

Wer an diesem Tage durch die Straßen unserer Stadt fährt und Zehntausende, ja Hunderttausende von fröhlichen, optimistischen und begeisterten Menschen sieht, dem geht eine Ahnung davon auf, dass unsere Aufgabe nicht nur eine wirtschaftliche, eine politische oder nur eine soziale gewesen ist, sondern dass es vielmehr eine Aufgabe am Menschen war, dass wir nicht nur diese Stadt in ihrem äußeren Bild, sondern dass wir sie geändert haben auch in den Menschen aller Schichten. Vor allem dass der üble Beigeschmack, den man sonst im Lande empfand, wenn von Berlin oder vom Berliner die Rede war, nun geschwunden ist, dass wir Berlin von diesem üblen Ruf befreit haben, indem wir eine parasitäre jüdische Oberschicht beseitigt und das, was am Berliner gut und sympathisch ist, nämlich seinen Fleiß, seine Tüchtigkeit, seine Lebensbejahung und seinen Lebenshumor, seinen Lebensoptimismus und seinen Lebenswitz, seine Beweglichkeit und seine Disziplin, seine Hinneigung zu soldatischen Eigenschaften

und Tugenden, dass wir alles das wieder zum Durchbruch gebracht haben. [...] Möge Berlin in alle Zukunft, ja, bis in die Zeit, in der auch die 700 von heute eine 7000 geworden ist, das bleiben, was es immer gewesen ist: eine fleißige, eine fanatische, eine lebensbejahende, kurzum eine nationalsozialistische Stadt, eine der treuesten in der Gefolgschaft des Führers und seiner Bewegung.

Das Deutschland- und das Horst-Wessel-Lied beenden die feierliche Sitzung. Die Ehrengäste begeben sich zu einem Imbiss in den großen Festsaal des Rathauses. Es ist Mittag, draußen wartet die Stadt ungeduldig auf den Festzug, der in den frühen Nachmittagsstunden vom Lehrter Bahnhof kommend am Rathaus vorbeiziehen soll. An den Straßen, durch die er geleitet wird, stehen die Menschen zu Tausenden. Auf Bilder und Filme von diesem Tag dokumentieren die Begeisterung der Bevölkerung. Die Spannung steigt von Minute zu Minute. Dann ist es soweit, die Spitze des Festzuges ist da. Wimpelträgerinnen grüßen mit den Farben Berlins: rotweiß. Dahinter ein riesiges Schild: »700 Jahre Berlin«. Drei Wappenherolde hoch zu Pferd in weißroter Tracht führen den Zug an mit den Wappen von 1253, 1709 und 1937. Gleich danach die »Berolina«, das Wahrzeichen Berlins.

Darauf reiht sich Bild an Bild. Unter dem Beifall der Zuschauer lassen die Organisatoren Szenen aus der Geschichte Berlins vorüberziehen.

^ *»Ganz Berlin auf den Beinen«: Der Enthusiasmus der Berliner an diesem Tag war keine Inszenierung.*

1237

Die Zeit der askanischen Markgrafen. Auf geschmückten Rossen ziehen die Ritter in weiß-roter Panzerung vorüber. In »schwerer Kettenrüstung« reitet das Brüderpaar Johann I. und Otto III. Ein langer Zug Bewaffneter folgt in zeitgenössischen Rüstungen: Hellebarden, Lanzen, Visiere. Reitern mit Fahnen aus der Zeit, als die Askanier – so die Broschüre der Stadt Berlin, die zur Erläuterung des Festzuges an die Besucher verteilt wird – »die Grundlagen

^ *Mittelalterliche Ritter durch Berlin: Die »altgermanischen« Anfänge der Stadt sollten sich mit der nationalsozialistischen Gegenwart direkt verbinden.*

staatlicher Ordnung« in der unruhigen Mark Brandenburg schufen, folgen die bemäntelten Bürgermeister und Ratsmannen von Berlin und Cölln. Dahinter die fünf ältesten Innungen: Bäcker, Schuhmacher, Schneider, Fleischer und Kürschner. Auf allen Schildern und Fahnen hebt sich das Hakenkreuz ab: Auch die Vergangenheit soll nationalsozialistisch sein.

1337

Die Wittelsbacher haben die Herrschaft in der Mark angetreten. Markgraf Ludwig I. reitet im Kettenhemd heran. Ein Herold mit dem blauweißen Wappen der Wittelsbacher folgt, dann Ritter mit Helmzieher und Weckenfähnlein. »Wie ein Stoßtrupp der damaligen Zeit«, erklärt die Broschüre, »mutet die Gruppe der Städte an, in denen sich das wehrhafte Bürgertum gegen die Anarchie zusammenfand«: Die Wappen der Herolde der 21 Städte, die unter der Führung Berlin-Cöllns »in einer führerlosen, den Kampf aller gegen alle auslosenden Zeit« in dem »Mittelmärkischen Städtebund« zusammengeschlossen waren, folgen die Wappen Berlin-Cöllns.

1437

Friedrich I. tritt in seinem »mit Hermelin besetzten purpurnen Kurfürstenmantel« auf, begleitet von Rittern in eiserner Rüstung: »Ein tatkräftiges Fürstengeschlecht war zum Regenten der Mark bestimmt worden«, erklärt die Broschüre. Es folgt »Fußfolk« mit der »Faulen Grete«, das erste Geschütz in der Mark: »Johann und Dietrich von Quitzow wurden von den Streitkräften des Siegers in die Gefangenschaft geführt. Die Macht des räuberischen aufsässigen Adels war gebrochen«.

1537

Joachim II. lässt das Berliner Schloss neu erstehen. »Turnierritter in glänzender Rüstung reiten zum Beginn ritterlichen Kampfspiels« vorüber. Ein Wagen der reichen Kaufmannsgilde, begleitet von Armbrustreitern und Landsknechten, beschließt das Zeitbild.

1637

»Wiederholt ziehen die feindlichen Heerscharen«, Kürassiere, fremde Landsknechte und Musketiere, »in Berlin ein«: »Der Sturm des 30jährigen Krieges braust über Deutschland dahin.«

1737

Die Regimenter des Soldatenkönigs ziehen durch Berlin: Das Regiment Dönhoff in den traditionellen Uniformen der brandenburgischen Infanterie, dahinter der König selbst in Begleitung seines ältesten Sohnes und des Exerziermeisters des preußischen Heeres, des Fürsten Leopold von Anhalt-Dessau. Die Zeit wird nicht nur vom Krieg beherrscht: Kavaliere mit ihren Damen zeigen das »tändelnde Leben« im Schloss und in den Salons.

1837

Das Biedermeier: »Behaglichkeit und Beschaulichkeit kennzeichnen die Zeit nach Abschluss der Kriege, in denen unter Preußens Führung Deutschland das Joch der Fremd-

herrschaft abschüttelte.« Berlin blüht auf und ist ein begehrtes Reiseziel; Postkutschen und Landreisewagen ziehen vor den Zuschauer vorbei. Junge Männer und Mädel in »Vatermörder« und »Krinolinen« verweisen auf die Mode der Zeit. Ein Bild erinnert an den Berliner Baumeister Karl Friedrich Schinkel und an die erste Berliner Feuerwehr. Leierkastenmusik, die einst »durch die bei der lauen Abendluft geöffneten Fenster der Weißbierstuben« tönte, weist auf »Muße und Erholung« hin, die »das behäbige Bürgertum [...] nach der Arbeit des Tages« bei der »kühlen Blonden« fand.

^ *Living history: Berliner Schützen auf dem Marsch zu den Zelten (Tiergarten).*

Eine Nachbildung des Roten Rathauses, Symbol für den Zusammenschluss Berlins mit den einst selbständigen Außenbezirken, eröffnet den zweiten Teil des Festzuges. Die Kapelle der BVG preist mit Paul Linckes Melosienen die »Berliner Luft«. Die Außenbezirke präsentieren sich; Spandau erringt mit seinem Modell des Juliusturmes, »Hüters des Kriegsschatzes früherer Zeiten«, großen Beifall. Wilmersdorf stellt sich mit einem Modell des Jagdschlosses Grunewald und dem Wagen »Strandbad Wannsee« vor. Steglitz lässt sich durch den ersten Omnibus, den »deutschen Vorkämpfer der Luftfahrt, Otto Lilienthal, und den Helden Wrangel vertreten. Britz zeigt einen Berliner Bären ganz aus Rosen, Köpenick seine Wäscherinnen und seine Fischer mit ihren gewaltigen Netzen, mit denen sie in der Spree fischen. Blumen sind die Wahrzeichen von Weißensee. Ein Orgeldreher spielt wieder und wieder das Lied »Wenn in Pankow blüht der Flieder, sehen wir uns alle wieder«, während Alexander von Humboldt, an einem Tisch sitzend dargestellt, für die Geschichte Tegels steht.

Mit dem Hitlergruß empfängt die Menge das Hakenkreuz des »Dritten Reichs«, das zu Liedern aus der »Kampfzeit« der nationalsozialistischen Bewegung vorbeigetragen wird. Eine Nachbildung der olympischen Glocke weckt die Erinnerung an die Olympischen Spiele in Berlin. Es folgen die »Säulen des Dritten Reiches«: Hitlers Leibstandarte, die »Männer des Spatens«, der Reichsarbeitsdienst, danach die Vorläufer der SA, die »Frontbannkameraden«, schließlich die SA, »Schöpfung des Gauleiters von Berlin« und »Machtinstrument der Bewegung«. Die zahlreichen Gliederungen der NSDAP marschieren unter der Devise: »Blut und Boden«. Dann der Wagen der Organisation »Kraft durch Freude«, das Winterhilfswerk des deutschen Volkes, der Reichsluftschutzbund, der Reichsbund der Kinderreichen. Handwerker begleiten den Maibaum, Symbol des »Tages der deutschen Arbeit«. Das deutsche Jungvolk beschließt den Festzug. Der nationalsozialistische Nachwuchs fährt in einem Omnibus an den jubelnden Zuschauern vorbei. Sie ist »dazu berufen«, so die offizielle Broschüre, »[...] das Fundament des tausendjährigen Reiches zu sichern, so dass das 700jährige Berlin mit Stolz und Zuversicht dem neuen Jahrhundert entgegensehen kann.«

Mit dem Umzug geht einer der Höhepunkte der Festwoche zu Ende. »Aber es kommen ja noch so viele große Ereignisse«, erinnert Günther Lange, Berichterstatter für den *Völkischen Beobachter*. Am Abend hält das Leben in den Straßen Berlins unvermindert an. Die angestrahlten Gebäude, die unzähligen Flaggen im hellen Scheinwerferlicht: Das Bild, das die Innenstadt bietet, erinnert an die Tage der Olympischen Spiele im August 1936.

Auf der Halbinsel Stralau ist der Fischzug im vollen Gange, eine alte Berliner Tradition, nach der ein Teil des ersten Fischfangs des Jahres dem Pfarrer der kleinen Stralauer Gemeinde geschenkt und anschließend ein Fest gefeiert wurde. Diesmal wird der erste Fischfang zum Abschluss der Festwoche Julius Lippert übergeben. Im Westen der Stadt, auf der Dietrich-Eckart-Bühne (der heutigen Waldbühne), erleben zur gleichen Zeit rund 20 000 Menschen die Aufführung von Händels Werk »Herakles«. Der erste Tag der 700-Jahr-Feier hat sowohl die Berliner als auch die vielen angereisten Stadtbesucher begeistert. Doch ist er nur der Auftakt zu den vielen Festtagen und Veranstaltungen, die noch kommen sollen, so das große Festspiel im Olympiastadion, das Hunderttausende von Zuschauern die 700 Jahre Geschichte Berlins noch einmal erleben lassen wird.

Zumindest ein Berliner dürfte allerdings die Feierlichkeit nicht genossen haben: Ernst Kaeber, der eigentliche »Erfinder« der Feierlichkeiten. Aufgrund seiner liberalen Einstellung und seiner Ehe mit einer jüdischen Frau war der Stadtarchivar seit 1933 in seiner Arbeit von den Nationalsozialisten behindert und 1935 seinem Kollegen Max Arendt unterstellt worden. Damit war ihm die Funktion als Experte für Fragen der Stadtgeschichte entzogen worden. Bei der ersten Tagung von Lipperts Organisationsausschuss des Stadtjubiläums im Dezember 1936 wurden die Bedenken gegen die Mitarbeit Kaebers schließlich laut. Der Archivar wurde ausgegrenzt und etwa zwei Monate nach der Jubiläumsfeier vorzeitig in den Ruhestand versetzt. Erst nach dem Krieg wurde er wieder als Stadtarchivar eingesetzt. Er baute das West-Berliner Landesarchiv auf und war dessen erster Leiter.

PROGRAMM
DER FESTWOCHE

Sonnabend,	14. August
11 Uhr	*Eröffnung der Freigeländeschau »700 Jahre Berlin«* Ausstellungsgelände am Funkturm Dauer: 14. August bis 12. September
Sonntag,	15. August
10 Uhr	*Kranzniederlegung am Ehrenmal und am Grabe Horst Wessels (Nikolai-Friedhof)*
11.30 Uhr	*Feierliche Eröffnung der 700-Jahr-Feier der Reichshauptstadt und Empfang durch den Oberbürgermeister und Stadtpräsidenten* Rathaus Königstraße
12.30 Uhr	*Der Festzug »700 Jahre Berlin«* Der Weg des Zuges: Lehrter Straße, Invalidenstraße, Alt-Moabit, Moltkebrücke, Siegessäule, Siegesallee, Charlottenburger Chaussee, Brandenburger Tor, Unter den Linden, Schlossbrücke, Schlossfreiheit, Königstraße, Große Frankfurter Straße, Frankfurter Allee, Warschauer Straße, Schlesische Straße, Treptower Chaussee, Treptower Park
14 Uhr	*Abnahme des Festzuges durch Gauleiter Reichsminister Dr. Goebbels* Rathaus Königstraße

< Die Langen Kerls bei dem Festspiel »Berlin in sieben Jahrhunderten deutscher Geschichte« im Olympiastadion.

16 Uhr	*Eröffnung des Stralauer Fischzuges* Treptower Spielwiesen Dauer: 15. August bis 8. September Abends Feuerwerk
20.30 Uhr	*»Herakles«* Oratorium von Georg Friedrich Händel Dietrich-Eckart-Freilichtbühne Reichssportfeld
Montag, 9 Uhr	16. August *Feierstunde in allen Berliner Schulen*
14 Uhr	*Sportfest der Berliner Schuljugend* Mommsen-Sportplatz Charlottenburg
21 Uhr	*Schlossmusik* *Konzert des Berliner Philharmonischen Orchesters* Schlüterhof des Schlosses
Dienstag,	17. August *Fest der Berliner Verwaltungsbezirke*

^ *Am Tag der Berliner Verwaltungsbezirke (Dienstag, 17. August 1937): »Gymnastische Vorführungen mit Reifen« auf dem Behnke-Sportplatz (Schöneberg).*

Mittwoch,	18. August
16 Uhr	*Alt-Berlin Unter den Linden*
16 Uhr	Kampfhandlungen der Pankgrafen
17 Uhr	Historischer Lindenbummel
19 Uhr	Platzkonzerte
20.30 Uhr	*Festspiel »Berlin in 7 Jahrhunderten deutscher Geschichte«* Olympiastadion
21 Uhr	*Schlossmusik* *Konzert des Landesorchesters Berlin* Schlüterhof des Schlosses
Donnerstag,	19. August
17 Uhr	*Platzkonzerte* Unter den Linden
17 Uhr	*Blumenkorso* Weg des Blumenkorsos: Adolf-Hitler-Platz, Ausstellungsgelände, Kaiserdamm, Bismarckstraße, Charlottenburger Chaussee, Brandenbur-

^ *Mittwoch, 18. August 1937: Pankgrafen-Schlacht auf der Schlossbrücke. Danach folgte ein historischer Lindenbummel.*

	ger Tor, Unter den Linden, Schlossfreiheit, Königstraße, Alexanderplatz
19 Uhr	*Volkstümliche Chöre, Berliner Lehrer-Gesangverein* Lustgarten
20 Uhr	*Empfang durch den Oberbürgermeister und Stadtpräsidenten* *Verleihung des Musikpreises der Reichshauptstadt* Schloss, Weißer Saal
20.30 Uhr	*»Herakles« (Wiederholung)* Dietrich-Eckart-Freilichtbühne Reichssportfeld
Freitag,	20. August *Ganz Berlin am Funkturm*
20 Uhr	*Schlossmusik* Schlüterhof des Schlosses
21.30 Uhr	*Großes Höhenfeuerwerk* Königsplatz
Sonnabend,	21. August *Fröhliches Wochenende beim Stralauer Fischzug*
18 Uhr	
20 Uhr	*Festkonzert* Singakademie
20.30 Uhr	*Festspiel »Berlin in 7 Jahrhunderten deutscher Geschichte« (1. Wiederholung)* Olympiastadion
Sonntag,	22. August *Festlicher Ausklang der 700-Jahr-Feier in allen Berliner Gaststätten*

15 Uhr	*Boxkampf* *Halbschwergewichtsmeisterschaft von Deutschland* Polizeistadion (Wedding)
16 Uhr	*Die deutschen Stämme huldigen der Reichshauptstadt* *Tanz, Spiele und Gesang* Unter den Linden
20.30 Uhr	*Festspiel »Berlin in 7 Jahrhunderten deutscher Geschichte« (2. Wiederholung)* Olympiastadion
21 Uhr	*Schlossmusik* Schlüterhof des Schlosses

^ *Eine Aufnahme vom Blumenkorso am 19. August 1937.*

»WAFFEN DER NATION«

TECHNIKSTANDORT BERLIN

Nicht nur aufgrund der aggressiven nationalsozialistischen Innen- und Außenpolitik schaut die Welt höchst besorgt auf Berlin. Die Reichshauptstadt ist auch auf dem Gebiet der Technik in Europa weiterhin führend und gilt in dieser Domäne auf internationaler Ebene als vorbildlich. Der stete und bewusst herbeigeführte Verlust deutsch-jüdischer Wissenschaftler, unter ihnen einige der klügsten Köpfe des Landes, konnte die deutsche Forschung und technische Entwicklung nicht lahmlegen.

Am 25. Mai wird in Berlin in Anwesenheit Hitlers und Görings der Reichsforschungsrat gegründet. Zum ersten und einzigen Mal besucht Hitler bei diesem Anlass das Reicherziehungsministerium. Nach Reden von Bernhard Rust, dem Reichserziehungsminister, und dem ersten Präsidenten des Rates, General Becker, schreitet der »Führer« die Reihe der Wissenschaftshonoratioren ab, ohne diesen die Hand zu reichen, und bringt damit die Geringschätzung der nationalsozialistischen Weltanschauung den Wissenschaften gegenüber zum Ausdruck. Die Berufung angesehener, noch im Reich tätiger Wissenschaftler als Leiter der einzelnen Fachsparten des Reichsforschungsrates garantiert zumindest bis Kriegsbeginn einen hohen Forschungsstandard.

Obwohl die Wissenschaften insgesamt im nationalsozialistischen Wertesystem niedrig eingestuft werden, gibt es mindestens zwei gute Gründe, um der technischen Forschung eine wichtige Rolle zuzusprechen: internationales Prestige und Rüstung. Von Anfang an waren die Machthaber

< *Errungenschaften deutscher Techniker und Wissenschaftler waren den Nationalsozialisten immer willkommen: vor allem wenn sie für militärische Zwecke nutzten.*

bemüht, jeden Fortschritt für sich zu buchen und jede Erfindung oder technische Errungenschaft als eigenen Verdienst zu deklarieren. Dabei ist es völlig unbedeutend, ob die Voraussetzungen für diese Erfolge schon vor ihrem Machtantritt gelegt worden sind.

Durch sensationelle Rekorde festigt sich 1937 der Ruf Berlins als moderner, bahnbrechender Technikstandort weiter. Die Machthaber allerdings sind nicht immer in der Lage, die Tragweite dieser technischen Neuheiten wirklich zu begreifen und können über die unmittelbare Nutzung der Technik für propagandistische oder militärische Zwecke hinaus keine weitere Bedeutung erkennen.

^ *Die Atomzertrümmerungsanlage im Kaiser-Wilhelm-Institut für Physik (Berlin-Dahlem), 1937.*

FLIEGEN NACH DER »HINDENBURG-KATASTROPHE«

Am 6. Mai 1937 erreicht eine erschütternde Nachricht Deutschland: Der Zeppelin LZ 129, das größte je gebaute Luftschiff, das den Namen des ehemaligen Reichspräsidenten Paul von Hindenburg trägt, gerät in Lakehurst, New Jersey (USA), bei der Landung in Brand. 13 von den 97 Passagieren an Bord und 22 Besatzungsmitglieder sterben in einem Flammenmeer. Das Unglück fordert insgesamt 36 Opfer, darunter den bekannten Luftschiffskapitän und Zeppelinbauer Ernst August Lehmann, der schwerste Verbrennungen erleidet, denen er nur wenige Stunden später erliegt.

Nicht zuletzt durch die emotionale Berichterstattung sowohl in den amerikanischen als auch in den deutschen Medien brennt sich das Bild der *Hindenburg*, die zerstört zu Boden geht, in kurzer Zeit als eine der größten Technikunglücke ins Gedächtnis der Menschen ein. Die »Hindenburg-Katastrophe« bedeutet faktisch das Ende der Zeppelinära und vorläufig auch das der Verkehrsluftschifffahrt: Das Schwesterschiff der *Hindenburg*, *Graf Zeppelin II*, an dessen Bau zur Zeit des Unglücks gearbeitet wird, wird nur noch in Versuchsfahrten eingesetzt.

Doch der Traum vom Fliegen wird nicht aufgegeben. In Berlin wird gerade der Flughafen Tempelhof von Ernst Sagebiel zum »größten Flughafen der Welt« ausgebaut: 1938 soll er fertig sein. Knapp zwei Monate nach dem Unglück der *Hindenburg* erfährt die staunende Öffentlichkeit, dass der Ingenieur Ewald Rohlfs mit dem ersten Hubschrauber

BERLINER MORGENPOST

10 Pfennig

Nr. 109 • Freitag, 7. Mai 1937

Um 1.30 Uhr nachts gibt DNB folgende Meldung aus:

Luftschiff „Hindenburg“ durch Explosion vernichtet

An Bord befanden sich 39 Passagiere und 61 Mann Besatzung

DNB. New York, 7. Mai

Nach Meldungen aus Lakehurst ist das Luftschiff „Hindenburg“, als es am Donnerstag abend im Begriff stand in Lakehurst bei leichtem Regen zu landen, durch eine Explosion völlig zerstört worden. Das Schiff stürzte sofort zu Boden. An Bord befanden sich 39 Fahrgäste und eine 61 Mann starke Besatzung.

Ein bolschewistisches „Heldenstück“

Flugzeuge überfallen eine offene Stadt

Die soziale Aufgabe des Offiziers

der Welt, dem von Heinrich Focke gebauten Hubschrauber Focke Wulf 61, am 25. Juli alle Hubschrauber-Weltrekorde nach Deutschland geholt hat: Das in Bremen konstruierte Modell kann eine Höhe von 2439 Metern erreichen und kommt bei einer Höchstgeschwindigkeit von 122,6 km/h auf eine Streckenleistung von 108 Kilometer. Die maximale Flugdauer beträgt 1,20 Stunden.

^ *Die »Hindenburg-Katastrophe« rief in Berlin Bestürzung hervor. Der Traum vom Fliegen wurde aber nicht aufgegeben. Hanna Reitsch segelt 1937 über die Alpen.*

Am 2. November führt die Pilotin und Flugkapitänin Hanna Reitsch als erste Frau auf dem Tempelhofer Feld in Berlin einen Hubschrauber, den FW 61, öffentlich vor. Unter den zahlreichen Zuschauern befindet sich auch der amerikanische Flugpionier Charles Lindbergh, der der Premiere mit großer Begeisterung beiwohnt. Die Berliner sind wieder mit der Fliegerei versöhnt. Die Pilotin Hanna Reitsch hat schon 1932, noch als Medizinstudentin, mit 5,5 Stunden den Dauersegelflugrekord für Frauen in Berlin aufgestellt. Als Versuchspilotin, zuerst für die Deutsche Forschungsanstalt für Segelflug in Darmstadt, ab 1937 an der Flugerprobungsstelle der Luftwaffe im mecklenburgischen Rechlin, hatte sie Gelegenheit, Stukas, Jäger und Bomber zu testen, und wurde die erste weibliche Flugkapitänin, nur wenige Monate vor der ersten Lufthansa-Pilotin, Melitta Gräfin von Stauffenberg. Noch im Jahr 1937 hat Hanna Reitsch auch als erste Frau der Welt die Alpen im Segelflug überquert.

Ernst Udet, Oberst der Luftwaffe und Leiter des Technischen Amtes des Reichsluftfahrtministeriums, ist von dem Focke-Hubschrauber absolut begeistert. Als er zum Jahresende 1937 von der Vorbereitung einer Kolonialschau in der Berliner Deutschlandhalle erfährt, äußert er die Idee, das neue Fluggerät in der für Februar 1938 geplanten Schau im Flug vorführen zu lassen. Dabei denkt er selbstverständlich an die nationalsozialistische Vorzeigefliegerin, die den ersten Hallenflug der Welt mit einem Hubschrauber wagen soll.

Die Vorführung wird tatsächlich am 19. Februar 1938 stattfinden und Hanna Reitsch einen weiteren Rekord bescheren. Es wird nicht der letzte bleiben. Doch auf die Sensation des Hallenflugs reagierten sowohl das Publikum als auch die Fachpresse zu Udets Enttäuschung eher zurückhaltend. Die Technik schien offensichtlich noch unreif und verbesserungsbedürftig.

DER ERSTE COMPUTER DER WELT

Ein Berliner Bauingenieur namens Konrad Zuse arbeitet 1937 seit etwa zwei Jahren als Statiker bei den Henschel-Flugzeugwerken in Berlin-Schönefeld. Die Berechnungen in der Flugstatik empfindet Zuse als anstrengend und monoton, und er ist bestrebt, sie zu automatisieren. Vorüberlegungen dazu trifft er bereits seit 1934. Drei Jahre später macht er sich daran, den ersten programmierbaren Rechner, die »Z 1«, zu bauen.

Bahnbrechend ist die Intuition Zuses, das dezimale Zahlensystem, an dem andere Konstrukteure bislang festhielten, aufzugeben und für sein Modell das Binärsystem zu verwenden: ein Zahlensystem, das nur die Werte Null und Eins kennt und alle anderen Zahlen in einer Kombination dieser beiden Werte ausdrückt. Null/Eins-Werte lassen sich leicht durch die Schalterstellung Ein/Aus speichern; das macht dieses System für maschinelles Rechnen besonders geeignet.

Der erste funktionstüchtige Computer der Welt, den Zuse erst 1938 fertigstellt, wird zwar nur über eingeschränkte Programmiermöglichkeiten verfügen und in seiner Verwendung noch nicht zeitsparend sein – aufgrund der verbesserungsbedürftigen Mechanik arbeitet die Z 1 noch ziemlich unzuverlässig –, doch weist seine Konstruktion den einzuschlagenden Weg.

In den darauf folgenden Jahren wird Zuse mehrfach versuchen, das Heereswaffenamt sowie auch die deutsche Versuchsanstalt für Luftfahrt von seiner Erfindung zu überzeugen. Er trifft auf wenig Verständnis. Zu erkennen, dass ein Deutscher 1937 den Grundstein für ein neues Zeitalter legte, waren die Nationalsozialisten zu kurzsichtig.

^ *Grundstein für ein neues Zeitalter: 1937 arbeitete Konrad Zuse an dem ersten Computer der Welt.*

»WIR SENDEN FROHSINN«

Am 11. Mai 1928 präsentierte ein ungarischer Techniker namens Denes von Mihály bei der 5. »Großen Deutschen Funkausstellung« in Berlin die erste Fernsehübertragung weltweit. Sieben Jahre später, am 22. März 1935, wurde in der Reichshauptstadt der erste regelmäßige Fernsehprogrammdienst der Welt aufgenommen. Der Fernsehsender hieß »Paul Nipkow« – zu Ehren des 75-jährigen Pankower Ingenieurs, den Erfinder des mechanischen Bildzerlegers, der sogenannten »Nipkow-Scheibe«, sowie des Prinzips der Bildabtastung und Umwandlung in elektrische Impulse.

Anfangs wurde an drei Tagen in der Woche jeweils von 20.30 bis 22.00 Uhr gesendet. Gerne rühmten sich die Nationalsozialisten mit den Errungenschaften des deutschen »Schaffensgeistes«, doch bemühten sie sich kaum, das neue Medium als Propagandainstrument auszubauen und zu nutzen. Zwar überstürzten sie trotz unausgereifter Technik die Eröffnung des Sendebetriebs, um England nicht den Rekord zu überlassen – dort begann die BBC erst sieben Monate später mit einem regelmäßigen Sendebetrieb –, aber Film und Hörfunk blieben weiterhin die unbestrittenen Massenpropagandamittel des Regimes.

Berlin im Jahre 1937: Die Übertragungstechnik hat sich seit der Einführung des elektronischen Bildzerlegers 1935, der die Nipkow-Scheibe teilweise ersetzt, schon verbessert. Darüber hinaus ist ein zweistufiges Abtastungsverfahren, das sogenannte »Zeilensprungverfahren«, eingeführt worden, das das Flimmern der Bilder reduziert und den Bewegungs-

Fern-Sehen im Jahre 2000

Aufnahmen von Hanns Hubmann aus der Großen Deutschen Funk-Ausstellung

Im Fernseh-Atelier auf der Großen Deutschen Funkausstellung: Zwei Szenen — zwei Aufnahmegeräte.

Die rechte Kamera auf dem Rollwagen „sieht“ die um das Schicksal ihrer Kinder besorgten Eltern im Bett. Die linke Kamera ist auf die Gruppe mit den beiden Kindern eingestellt. Beide Bilder können nun am Bild-Mischpult nach Belieben auf den Sender gegeben und sogar wie beim Film weich ineinander übergeblendet werden.

Zum erstenmal in diesem Jahr nahmen die Besucher der Großen Deutschen Funkausstellung den Eindruck mit nach Hause: „Jetzt ist das Fernsehen fertig!“ Durch den Uebergang zum völlig flimmerfreien 441-Zeilenbild ist das Fernsehen endlich ein wirklicher Genuß geworden. Aber nicht nur dadurch. Vor allem auch durch den Uebergang zum Elektronen-Bildfänger, der ähnlich wie eine Film-Kamera leicht beweglich ist und der Aufnahmetechnik fast die gleichen Möglichkeiten gibt wie beim Film. Unter dem Titel: „Fernsehen im Jahre 2000“ zeigt Telefunken in einem lustigen Fernseh-Kabarett einen neuen technischen Fortschritt, der für die Abwicklung der Fernseh-Programme von größter Wichtigkeit ist: den Bildmischer. Man kann die Bilder nun auch beim Fernseher überblenden, also weich ineinander übergehen lassen, wie wir das vom Film her kennen. Erreicht wird dieser Effekt dadurch, daß man mit zwei oder mehr Bildfängern zugleich arbeitet und die Stärke der von ihnen gelieferten elektrischen Bildimpulse im Bildmischer so bemißt, daß das erste Bild langsam verschwindet, während das zweite schon auf den Sender gegeben wird.

Eduard Rhein

Hinter den Kulissen der Fernseh-Bühne.

[illegible]

Und wie man das Spiel des Fernseh-Kabaretts im Empfangsgerät sieht:

Der Vater, besorgt um das Ergehen seiner Kinder in der Sommerfrische, schaltet den Fernseher ein ... und sieht (unten) seine Kinder bei einem fröhlichen Ferienidyll mit einer mächtigen Kuh (aus Pappe).

eindruck flüssiger macht. Am 15. Juli 1937 setzt Reichspostminister Wilhelm Ohnesorge, der die Entwicklung durch die Reichspostforschungsanstalt energisch vorantreiben lässt, die neue Fernsehnorm bei 441 Zeilen fest – die damals höchstmögliche Zeilenzahl. Die Zahl der Fernsehgeräte – ein Jahr nach der Übertragung der Olympischen Spiele gibt es in Berlin 27 Fernsehstuben – steigt sprunghaft an. Bis 1939 wird es schon über 500 geben. Neben den kleinen öffentlichen Stuben für 20 bis 40 Zuschauer, meistens in Postämtern eingerichtet, öffnet die Reichspost zwei Fernseh-Großbildstellen,

^ *»Fernsehen im Jahre 2000«: Ein Bericht der* Berliner Morgenpost *von 1937 über den Entwicklungsstand des Fernsehens.*

wo annähernd 300 Berliner die nunmehr täglich gesendeten Programme des Senders »Paul Nipkow« auf einem durch Projektionsgeräte vergrößerten Bild verfolgen können.

In den meisten Fernsehstuben allerdings sitzen die Berliner vor 18 x 22 cm großen Bildschirmen, die nur sehr kontrastarme Bilder auflösen. Die von Telefunken, Lorenz oder Loewe-Radio hergestellten Geräte sind noch handgefertigt und daher sehr teuer. Privatgeräte, sogenannte »Heimempfänger«, können sich nur Rundfunkmanager und hohe NSDAP-Funktionäre leisten, so der Reichssendeleiter Eugen Hadamovsky, der Intendant des Fernsehsenders Hans-Jürgen Nierentz, Reichsjugendführer Baldur von Schirach, Hermann Göring und selbstverständlich Joseph Goebbels, der für die Programminhalte verantwortlich ist.

Der Eintritt in die Fernsehstuben hingegen ist kostenlos. Die Berliner besuchen sie gern, vor allem im Winter, denn sie sind beheizt. Das Programm besteht aus einer Mischung von Kurzfilmen, Wochenschauen, Fernsehspielen und Moderationen aus dem Studio. Gesendet wird inzwischen täglich von Montag bis Samstag ab 20.00 Uhr bis zum Sendeschluss zwischen 21.50 und 22.00 Uhr; Sendeort ist das Haus des Rundfunks in der Masurenallee gegenüber dem Funkturm. 1937 arbeitet Telefunken-Ingenieur Walter Bruch im Deutschlandhaus am Adolf-Hitler-Platz (heute Theodor-Heuss-Platz) an der Entwicklung eines elektronischen Aufnahmestudios. Die von dem zukünftigen Erfinder des PAL-Farbfernsehsystems eingerichteten neuen Studios werden im darauf folgenden Jahr die alten im Haus des Rundfunks ablösen.

Ausgestattet mit einem Jahresetat von rund 300 000 Reichsmark, beschäftigt der Sender »Paul Nipkow« 1937 rund 15 Mitarbeiter. Aufgenommen wird in sogenannten »Dunkelzellen«, in denen die gefilmte Person in völliger Dunkelheit von einem Abtastgerät bildhaft zerlegt wird. Im Vergleich zu ihren Vorläufern zwei Jahre zuvor sind die Dunkelzellen 1937 schon vergrößert worden. Waren die ersten Zellen nur 2,25 Quadratmetern groß und konnten nur Brustbilder aufnehmen, so können nun auch stehende Personen, sogar mehrere zur gleichen Zeit, ins Bild genommen werden.

Nach Kriegsbeginn allerdings wird die Entwicklung der Übertragungstechnik nur noch in den Forschungsstätten der

Luftwaffe vorangetrieben werden – für militärische Zwecke, wie beispielsweise die Lenkung von Raketen.

8,48 Millionen Rundfunkhörer hat das »Dritte Reich« 1937. Das gibt Goebbels am 4. März bei der Tagung des Weltrundfunkvereins bekannt: Der »Volksempfänger«, im Volksmund die »Goebbelsschnauze«, ist »eine Waffe der Nation« – beziehungsweise des Nationalsozialismus.

Am Abend des 8. August geht die 14. Rundfunkausstellung am Kaiserdamm nach zehn Tagen zu Ende. Sie hat sich als ein außerordentlicher Publikumserfolg erwiesen: 307 000 Besucher passierten die Drehkreuze der Ausstellungshallen am Funkturm. Allein am letzten Öffnungstag haben die Veranstalter 53 000 Gäste gezählt. Im Vorjahr waren es 225 000 und im Jahr 1932 113 000. Die Ausstellungsgäste kamen bei weitem nicht nur aus Berlin, sondern aus allen Teilen des Landes. 111 Sonderzüge und rund 400 Sonderomnibusse brachten die Touristen anlässlich der Funkausstellung täglich in die Reichshauptstadt. In den letzten Tagen der Ausstellung wurde erneut der Wunsch nach einer Verlängerung laut, dem allerdings aufgrund der anstehenden 700-Jahre-Berlin-Ausstellung und des Internationalen Milchwirtschaftlichen Kongresses in Berlin nicht nachgegeben werden konnte.

Von Veranstalterseite wird die Rundfunkausstellung zum ersten Mal auch als wirtschaftlicher Erfolg gewertet. Unter den Besuchern waren zahlreiche Käufer der verschiedensten Rundfunkgeräte, insbesondere aus dem europäischen Ausland. Das Publikumsinteresse hat vor allem, so der *Völkische Beobachter* in einem Kommentar zum letzten Ausstellungstag, bei den »verbilligten Volksempfängern« sowie bei größeren Apparaten gelegen. »Mittelapparate«, deren Technik, insbesondere was die Trennschärfe angeht, »wesentlich verbessert worden ist«, haben die Aufmerksamkeit der Landbevölkerung auf sich gezogen.

Neben der rein technischen Apparate- und Geräteschau findet gleichzeitig eine von der Rundfunkführung geförderte Sonderausstellung unter dem Slogan »Jeder Reichssender einmal in der Reichshauptstadt« statt, für die das Publikum »begeisterte Zustimmung« zeigt. Jeden Tag kommen dafür Reichssender nach Berlin und senden aus der Ausstellung

live vor Publikum. Auch dies soll – dem Chronisten des *Völkischen Beobachters* nach – »Menschenmassen« angezogen haben. Neben dieser »Parade« der deutschen Reichssender, bislang ein einmaliges Ereignis, sorgt eine weitere Sonderschau der Deutschen Reichspost mit den zuletzt entwickelten Anlagen deutscher Fernsehtechnik, insbesondere Geräten mit der gerade eingeführten 441-Zeilen-Norm, für zusätzliche Begeisterung.

^ *Werbung für das Funkblatt »Hier Berlin«: In der Reichshauptstadt gab es 1937 über acht Millionen Rundfunkhörer.*

»KAMPF DER MOTOREN«

Auch die Motorisierung benutzen die Nationalsozialisten als starke Propagandawaffe, wie die jährliche Berliner Autoschau am Funkturm im Februar 1937 zeigt. Im Jahr des 75-jährigen Bestehens der Opelwerke in Rüsselsheim gibt der Berliner Verkehrsverein bekannt, dass sich der Kraftfahrzeugbestand der Reichshauptstadt so verdichtet hat, dass nunmehr jeder 21. Berliner ein Auto besitzt.

Insgesamt geht die Motorisierung des Berliner Verkehrs mit großen Schritten voran. Delegationen von Straßenbaufachleuten aus zahlreichen Ländern kommen zum Studium der deutschen Reichsautobahn nach Berlin, insbesondere der nach der Einweihung der Elbbrücke bei Hohenwarthe (Magdeburg) seit Januar des Jahres durchgängig befahrbaren Strecke Berlin – Hannover.

Ein Sammelbecken für alle Motorbegeisterten und im Kraftfahrwesen beruflich oder sportlich Engagierten ist das Nationalsozialistische Kraftfahrkorps (NSKK) mit mehreren Hundert Mitgliedern in ganz Deutschland. Die NSDAP-«Kampfgliederung« mit Sitz in München unterhält eine Dienststelle mit den Ämtern Verkehr, Presse und Sport in Berlin. Zu den Aufgaben des NSKK zählt die Beförderung von Staatsgästen und NS-Funktionsträgern sowie die Organisation von motorsportlichen Großveranstaltungen, darüber hinaus die Verkehrserziehung, die Organisation im automobilen Vereinswesen und im Motorsport.

Vor allem letzterer begeistert viele Jungen, die, fasziniert von der modernen Technik und vom Traum der Frei-

heit bei hoher Geschwindigkeit, die schnellen Rennwagen von Mercedes-Benz und Auto-Union bewundern. 1937 ist der technische Fortschritt viel weiter, als man sich 1934 bei der Einführung der neuen Regeln für den Rennsport vorgestellt hatte. Die »Silberpfeile« erreichen Leistungen von über 500 PS – (mit Kompressormotoren ohne Hubraumlimit sogar 640 PS) und Spitzengeschwindigkeiten von über 300 km/h – Rekorde, die erst Anfang der 1980er Jahre mit der Entwicklung der Turbomotoren in der Formel 1 überboten sein werden. Auch bei den Motorrädern steigert sich die Geschwindigkeit von rund 207 km/h (Weltrekord 1929) auf über 270 km/h.

^ *Nachteile der Geschwindigkeit: Im Januar 1937 erklärte Heinrich Himmler die Bekämpfung der Verkehrsunfälle zur vorrangigen Aufgabe der Polizei.*

VERFOLGUNG UND WIDERSTAND

Der verlockende Schein einer modernen, lebendigen Metropole, die – so Goebbels – »Sparta und Athen vereinigt«, verbirgt das wahre Gesicht des Nationalsozialismus. Die Verfolgung von zahlreichen »Unerwünschten« wird systematisch und mit äußerster Härte vorangetrieben.

Trotz Geschäftsboykott, Berufsverboten, Nürnberger Gesetzen, Zwangsemigration und zahlreichen weiteren willkürlichen Gewalttaten lebt 1937 immer noch die größte jüdische Gemeinde Deutschlands mit rund 140 000 Mitgliedern in Berlin. Vor vier Jahren waren es noch rund 170 000, etwa ein Drittel aller im Reich lebenden Juden. 1937 ist im rasch fortschreitenden Prozess der Entrechtung und sozialen Ausgrenzung der Berliner Juden ein entscheidendes Jahr. Bis zu diesem Zeitpunkt ist für die Reichshauptstadt ein Wechselspiel von spontanen und geplanten, gewalttätigen und administrativen Aktionen kennzeichnend. Ab 1937, besonders ab dem Herbst des Jahres, werden die einzelnen Verfolgungsmaßnahmen durch eine engere Zusammenarbeit von Gauleiter Goebbels mit Polizeipräsident Helldorf besser koordiniert. Die Berliner Gestapo bekommt den Auftrag, die Ausgrenzung der Juden aus dem sozialen und wirtschaftlichen Bereich zu systematisieren.

Seit 1935 dürfen die Juden im Reich keine »Arier« mehr heiraten und auch keinen außerehelichen Geschlechtsverkehr mit »Nichtjuden« haben. Verstöße werden als »Rassenschande« bezeichnet und mit Haftstrafe belegt. Nach einem Geheimerlass des Chefs der Sicherheitspolizei Heydrich

< Gedenktafel für den Berliner Probst Bernhard Lichtenberg »Stellvertretend für alle Widerstandskämpfer gegen die nationalsozialistische Gewaltherrschaft« am Bernhard-Lichtenberg-Platz.

vom 12. Juni 1937 soll bei »jüdischen Rassenschändern« nach Verbüßung der Strafe in jedem Fall geprüft werden, ob eine »Schutzhaft« in einem Konzentrationslager angeordnet werden könne. Nach der Kriminalstatistik des Jahres 1937 werden im gesamten Reich 512 Männer wegen »Rassenschande« verurteilt, darunter 355 Juden. 1937 beginnt man auch jüdische Frauen – bis Ende 1936 waren nur Männer betroffen – nach Abschluss eines Verfahrens in Konzentrationslager einzuweisen.

Die Entrechtung der jüdischen Bevölkerung in diesem Jahr eskaliert. Die im Folgenden aufgelisteten Maßnahmen von Februar, März, Juli und November gelten für das gesamte Reich, die von April und August für die Reichshauptstadt.

Februar: (13.2.) Juden dürfen nicht zum Notar bestellt werden; (15.2.) Wehrdienstpflichtige sollen zur Anmeldung Nachweise über ihre Abstammung und eine Erklärung abgeben, dass sie keine Juden sind;

März: (19.3.) Juden werden zum Reichsarbeitsdienst nicht zugelassen;

April: (15.4.) Juden werden zur Promotion nicht zugelassen; alle jüdischen Sportvereine sind verboten; jüdischen Bürgern wird die Benutzung öffentlicher Badeanstalten und Freibäder untersagt;

Juli: (2.7.) Juden dürfen keine Lehrer oder Erzieher »deutscher Jugend« werden; wo keine jüdischen Schulen vorhanden sind, müssen schulpflichtige jüdische Kinder den Pflichtunterricht der allgemeinen öffentlichen Schulen besuchen, es wird empfohlen, Sammelklassen für jüdische Kinder einzurichten; an Ausflügen, Klassenfahrten und Sportfesten dürfen jüdische Schüler nicht teilnehmen;

August: (18.8.) In Berlin beginnt die Aufstellung von Straßenbänken mit dem Vermerk »Nur für Arier«;

November: (5.11.) Erben von Bürgern, die ihre deutsche Staatsangehörigkeit verloren haben, können ihr Erbe nicht antreten und auch keine Schenkungen annehmen; (16.11.) Juden werden keine Reisepässe für das Ausland mehr ausgestellt, es sei denn zur Auswanderung;

Als Reaktion auf die gesellschaftliche Ausgrenzung haben sich zahlreiche jüdische Verbände und Organisationen in der jüdischen Selbsthilfe zusammengeschlossen, an der sich beteiligen, um die Opfer von Schikanen und Verfolgung in allen Lebensbereichen zu unterstützen.

Der »Reichsverband jüdischer Kulturbünde in Deutschland« umfasst im Juli 1937 112 selbständige Organisationen im ganzen Reich mit Tausenden von aktiven Mitgliedern. Seit dem Ausschluss der jüdischen Bürger aus dem Winterhilfswerk besteht ein »Jüdisches Winterhilfswerk«, das die Auswirkungen der Ausgrenzung der Juden aus der öffentlichen Fürsorge zu mildern versucht.

Die »Reichsvertretung der deutschen Juden« weitet zur gleichen Zeit den jüdischen Schulbetrieb aus, um auf die Beschränkung des Besuchs staatlicher Schulen zu reagieren. 1937 besucht schon über die Hälfte der jüdischen Schulkinder in Deutschland eine jüdische Schule. Ein weiteres Aufgabenfeld der jüdischen Selbsthilfe bildet schließlich auch die Vorbereitung und Durchführung der Auswanderung aus dem »Dritten Reich«: Sie hilft bei der Beschaffung von Ausreisegenehmigungen, bietet finanzielle Unterstützung, Aus- und Weiterbildungskurse für Ausreisewillige und Sprachkurse an.

Nicht nur Juden sind Opfer von Verfolgung durch die Nationalsozialisten. Auch gegen andere »unbeliebte Minderheiten« sowie gegen politisch Andersdenkende wird hart vorgegangen. Besonders hartnäckig werden Homosexuelle verfolgt. Homosexualität gilt offiziell als »rassenvernichtende Entartungserscheinung«, als ansteckende Krankheit, die das neue »Herrenmenschentum« bedroht. Strafmaßnahmen werden schrittweise ab 1934 eingeleitet.

Am 15. Januar 1937 nennt Polizeichef Heinrich Himmler den Kampf gegen Homosexuelle und Abtreibungen eine »vorrangige Aufgabe der Polizei«. In Berlin ist etwa ein Jahr zuvor ein geheimer Erfassungsapparat eingerichtet worden, die »Reichszentrale zur Bekämpfung der Homosexualität und der Abtreibung«, die allein im Jahr 1937 mehr als 32 000 neue »Homo-Verdächtige« speichert und zahlreiche Razzien, vor allem in der Reichshauptstadt, durchführt. Alles, was die erste deutsche schwul-lesbische Emanzipationsbewegung hervorgebracht hat – deren Zentrum in den 1920er Jahren mit Sicherheit in Berlin lag –, ist schnell zunichte gemacht. Zahlreiche Berliner Homosexuelle werden zur Emigration gezwungen, viele kommen in Konzentrationslager.

Am 19. Juli wird mit der Errichtung des Konzentrationslagers Buchenwald bei Weimar (Thüringen) begonnen und gleichzeitig eine Neuorganisation der Lager in Deutschland in Angriff genommen. Das Jahr 1937 markiert den Beginn einer neuen Phase in der Entwicklung der NS-Ermordungszentralen. Bislang sind zuchthausähnliche Lager an vielen Orten entstanden, die unter der Führung unterschiedlicher Institutionen – unter anderen der SA und SS – standen und in denen vor allem politische Gegner der NSDAP inhaftiert wurden. Ab 1937 werden vor allem »Asoziale«, sogenannte »Arbeitsscheue«, Homosexuelle, Zigeuner, Zeugen Jehovas und »Rassenschänder« in »Schutzhaft« genommen, also Menschen, die ausgerottet werden sollen, weil sie nicht in das Bild des nationalsozialistischen Deutschland passen.

Um die Effizienz dieser Praxis zu erhöhen, werden Kriminalpolizei und Gestapo zur sogenannten »Sicherheitspolizei« unter Reinhard Heydrich zusammengelegt. Neue Lager entstehen von nun an unter der Aufsicht der Inspektion der Konzentrationslager (IKL). Eines davon ist das KZ Sachsenhausen im brandenburgischen Oranienburg bei Berlin. Das KZ Sachsenhausen, ab dem Sommer 1936 auf Befehl der SS von Häftlingen aus dem Emsland erbaut und schon 1937 in Betrieb, ist Sitz der IKL und damit das Zentrum aller Konzentrationslager. Es fungiert außerdem als Musterlager, in dem die Ausbildung von SS-Wachmannschaften erfolgt, die später in anderen KZs eingesetzt werden.

REGIMEGEGNER IM UNTERGRUND

Die Oppositionsparteien sind formell zwar längst ausgeschaltet, doch es kommt immer wieder zu politisch begründeten Verhaftungen. Die Presse, insbesondere der *Völkische Beobachter*, bejubelt jede Verurteilung von vermeintlich »kommunistischen Mördern« durch den Volksgerichtshof. Tatsächlich ist der Widerstand antifaschistischer Untergrundgruppen noch nicht vollkommen gebrochen. Nach einem Tiefpunkt in den Jahren 1937/38 bis 1940 wird sich das ehemals »rote« Berlin, nunmehr Zentrale des nationalsozialistischen Unterdrückungs- und Terrorsystems, sogar zu einem der aktivsten Zentren des facettenreichen deutschen Widerstands gegen das Hitlerregime.

Aus ihrem Pariser Exil und im Untergrund führt die 1933 kurz nach dem Reichstagsbrand verbotene KPD ihren Kampf weiter. In der französischen Hauptstadt kommt es bezüglich der Bildung einer antifaschistischen Volksfront auch zu Verhandlungen der KPD mit der »Exil-SPD«, die am 11. April 1937 allerdings ergebnislos beendet werden.

In der Reichshauptstadt agieren zu dieser Zeit noch mehrere kommunistischen und sozialdemokratischen Widerstandsgruppen. Die Jugendorganisation der KPD, der Kommunistische Jugendverband Deutschlands (KJVD), setzt seine »illegale« Arbeit seit 1933 ununterbrochen fort. In der Unterbezirksleitung Südost der KJVD engagieren sich der junge jüdische Elektriker Herbert Baum und seine Frau Marianne, um die sich eine bis zu 100 Jugendliche zählende Gruppe – vorwiegend jüdische Jugendliche aus verbotenen jüdischen linksorientierten Jugendorganisationen – gesammelt hat. Die Gruppe führt antinazistische

Flugblatt- und Malaktionen durch und infiltriert HJ-Gliederungen sowie noch legale Jugendorganisationen, um Deckung und Informationen zu erhalten. Bis Ende des Jahres 1937 ist diese Zelle die aktivste kommunistische Untergrundgruppe in Berlin.

Wahrscheinlich aufgrund ihrer geschlossener Kader- und Militantenstruktur gelingt die Arbeit in der Illegalität kleineren Organisationen besser als den großen Arbeiterparteien. Obwohl ihre zentralen und teilweise auch regionalen Strukturen um 1937 ebenfalls weitgehend zerschlagen sind, können kleine radikale Gruppen, zumindest in lokalen Zellen, die Infiltrationsbestrebungen der Gestapo und der Polizei noch entgegenwirken. Dazu zählen Untergrundformationen wie die Gruppe »Neu Beginnen«, ein Zusammenschluss junger Sozialdemokraten und Kommunisten, die sich für eine Überwindung der politischen Kluft zwischen KPD und SPD einsetzen, und die »Revolutionären Sozialisten Deutschlands«, die sich als innerparteiliche Opposition zum Exilvorstand der in Prag aufgebauten SOPADE, der »Exil-SPD« sehen.

Selbst Anarchisten soll es 1937 im nationalsozialistischen Berlin noch gegeben haben. Auch wenn die meisten Berliner Libertären zu dieser Zeit entweder im Exil leben oder im spanischen Bürgerkrieg kämpfen, einige von ihnen halten sich noch in der Reichshauptstadt auf. Rudolf Berner, ein schwedischer Anarchist, der im Februar 1937, als Tourist getarnt, in geheimer Mission durch das Deutsche Reich reist, um eine Verbindung zwischen deutschen Anarchosyndikalisten in Exil und ihren Genossen im deutschen Untergrund herzustellen, berichtet von konspirativen Aktivitäten und Treffen von Mitgliedern der zerschlagenen FAUD (Freien Arbeiterunion Deutschlands) in zwei Wohnungen in Berlin, in der Forster Straße 38 und in der Lausitzer Straße 22.

Aktiven Widerstand leisten 1937 auch Mitglieder der ebenfalls zerschlagenen Berliner Gewerkschaftsbewegung. In seiner Wohnung in der Wittelsbacher Straße sammelt der Buchbinder Jakob Kaiser, ein ehemaliges Mitglied der Zentrumspartei und Landesgeschäftsführer der Christlichen Gewerkschaft, Oppositionelle und Regimekritiker aus der gesamten Gewerkschaftsbewegung um sich, unter anderen den Buchhändler Max Habermann, bis 1933 Vorstandsmitglied des Allgemeinen Deutschen Gewerkschaftsbundes, und den Sozialdemokraten

Wilhelm Leuschner, mit denen er Pläne zum Sturz des NS-Regimes und zur Bildung einer Einheitsgewerkschaft schmiedet.

Über den konservativen Bürgermeister von Leipzig, Carl Friedrich Goerdeler, wird die Gruppe später Kontakte zum militärischen Arm des Widerstands, zum Kreisauer Kreis und zur Gruppe um Graf von Stauffenberg herstellen. Im Herbst 1944 wird Leuschner im Zuchthaus Berlin-Plötzensee hingerichtet werden, Habermann im Gefängnis Selbstmord begehen – infolge des gescheiterten Umsturzversuchs vom 20. Juli. Jakob Kaiser hingegen konnte der Verhaftungswelle entgehen.

Zu den Widerständlern der »ersten Stunde« zählen nicht nur Linksoppositionelle. 1937 wird der Politiker Ernst Niekisch verhaftet. Der einstige Sozialdemokrat und Vorsitzende des »Zentralen Arbeiter- und Soldatenrates« während der Münchener Räterepublik 1918/1919 wirkt seit Mitte der 1920er Jahre als Nationalbolschewist, ein Rechtsradikaler, der mit seinen Theorien einer nationalen Wiedergeburt den linken Flügel der NSDAP um Georg Strasser beeinflusst, doch Hitler fern bleibt. Seit 1934 versucht er, sozialistische Gruppen und nationalkonservative Widerstandsgruppen zusammenzuführen. Die Gestapo nimmt ihn am 22. März fest. Er wird zwei Jahre später wegen Hochverrats und Fortführung einer politischen Partei zu lebenslangem Zuchthaus verurteilt.

^ *Der sozialdemokratische Gewerkschafter Wilhelm Leuschner: Zusammen mit Max Habermann und Jakob Kaiser schmiedete er 1937 in Berlin Pläne zum Sturz des NS-Regimes und zur Bildung einer Einheitsgewerkschaft.*

»WERKZEUG DES FRIEDENS«

HAUPTQUARTIER UND WAFFENSCHMIEDE

1935 ist in Deutschland die Wehrpflicht wieder eingeführt worden und hat den »Schandvertrag« von Versailles zu wertlosem Papier gemacht. Das Gesetz über den Aufbau der Wehrmacht vom 16. März 1935 ist der erste Bruch mit dem »Friedensdiktat« von 1918 gewesen, dem im Folgejahr die Besetzung des entmilitarisierten Rheinlandes gefolgt ist: Die einstigen Siegermächte England und Frankreich haben zugeschaut, ohne einzuschreiten. Hitlers »Politik der Überraschungen« hat sich als erfolgreich erwiesen.

»Die Epoche der Überraschungen ist abgeschlossen, der Frieden ist unser höchstes Gut« – so Hitler in seiner Januarrede 1937 vor dem Reichstag. Deutschland habe seine »Ehre« wiederhergestellt und die »Ketten« von Versailles gesprengt. Das Land sei fremden Mächten nicht mehr wehrlos ausgesetzt: Dies seien die Voraussetzungen für einen wahren, gerechten Frieden in Europa. Doch die Gefahr, so macht er die Deutschen glauben, sei stets da und komme von außen: »Niemand soll sich einbilden, in unseren Garten einzubrechen« warnt der »Führer« die westlichen Demokratien in einer Rede zum »Reichserntedankfest« im Herbst 1937 in Bückeberg.

Das »Dritte Reich« rüstet unter den Augen des Auslands schnell weiter auf. Die technische Entwicklung, der zweite Vierjahresplan und die Bestrebungen zur wirtschaftlichen Unabhängigkeit, die gesamte Lebensgestaltung der Menschen, alles steht im Dienst der Kriegsvorbereitung. Die Maßnahmen, die im Jahr 1937 eingeleitet werden, sind zahlreich und sprechen für sich: Ab dem 1. Januar wird die Ver-

< »Nicht mehr wehrlos«: Das Deutsche Reich rüstete wieder auf – für einen Angriffskrieg.

wendung von Edelstahl für Konsumartikel verboten, um den Bedarf der Rüstungsindustrie decken zu können; noch im Januar vereinbart Göring mit Italien eine deutsche Beteiligung an der Rohstoffgewinnung in Abessinien. Um staatliche Rüstungsaufträge finanzieren zu können, nimmt die Reichsregierung im Februar neue Anleihen auf. Die Wehrmacht wird nicht nur modern aufgerüstet, um »Frieden zu sichern«, wie öffentlich immer betont wird, sie soll so schnell wie möglich kriegsbereit sein. Das bezeugt die geheime »Weisung für die einheitliche Kriegsvorbereitung der Wehrmacht«, die Reichswehrminister Werner von Blomberg am 24. Juni erlässt.

Ob die Bevölkerung an die Friedensbeteuerungen der Regierung glaubt, ist fraglich. Auf jeden Fall gibt es keine Vorbehalte gegen das neue »Werkzeug des Friedens«, die Wehrmacht, die inzwischen schon weit über die von Versailles zugelassene Stärke von 100 000 Mann gewachsen ist.

Die Rubrik »Landesverteidigung und Wehrpolitik« im *Völkischen Beobachter* sowie die zweiwöchentlich erscheinende Zeitschrift *Die Wehrmacht* mit Redaktion in Berlin-Charlottenburg informieren die Leser über die Rüstungsanstrengungen des Reiches, insbesondere im Vergleich zu den anderen großen Armeen der Welt. Es wird das Bild einer hochtechno-

^ *Deutsche Soldaten beim dem großen Manöver vom September 1937 in Pommern.*

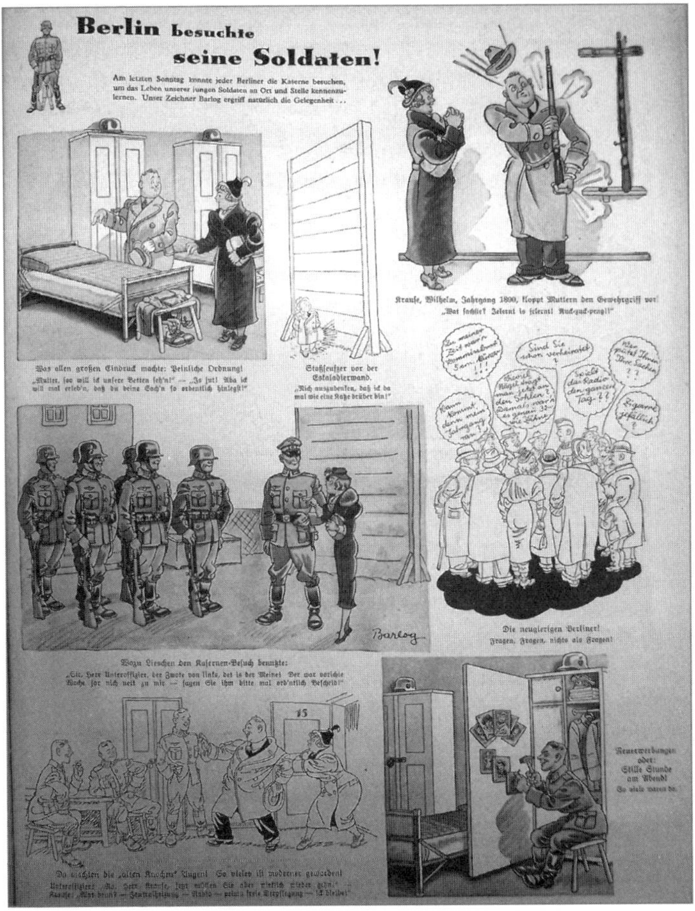

logisierten Streitmacht vermittelt, obwohl – und das bis 1945 – über 60 Prozent der Wehrmachtseinheiten noch pferdebespannt sind.

Seit 1933 hat die Reichsregierung die militärische Forschung forciert. 1937 ist ein Wendejahr hinsichtlich der Einbeziehung (und schließlich die Unterordnung) der wissenschaftlichen Forschung in die Rüstungspolitik. Durch die Einrichtung des Reichsforschungsrates am 25. Mai in Berlin – er wird von einem General der Infanterie, Prof. Karl Becker, geleitet – wird die Deutsche Forschungsgemeinschaft zu einer Art Wirtschaftsprüfstelle für den Vierjahresplan um-

^ *Publizistik und Karikaturen sollten die Berliner und die Deutschen mit ihrer neuen Wehrmacht vertraut machen.*

gewandelt. Mit der Neuordnung der Deutschen Forschungsgemeinschaft erfolgt auch die Annäherung zwischen der Berliner Kaiser-Wilhelm-Gesellschaft, Träger des Kaiser-Wilhelm-Instituts in Dahlem, und Vertretern des Wissenschaftsministeriums. Nur vier Tage nach der Gründung des Reichsforschungsrates löst der Generaldirektor der IG-Farben und Nobelpreisträger, Carl Bosch, Max Planck als Präsident der Kaiser-Wilhelm-Gesellschaft ab. Unter seiner Präsidentschaft beteiligt sich das Kaiser-Wilhelm-Institut für Anthropologie, menschliche Erblehre und Eugenik an der Rassenforschung.

Der Vierjahresplan sieht vor, die deutsche Wirtschaft binnen vier Jahren für den Krieg einsatzfähig zu machen. Sämtliche wissenschaftlichen Institute sollen ihren Beitrag zur Autarkie- und Rüstungspolitik leisten, indem sie beispielsweise neue Ersatzstoffe entwickeln oder die Nahrungserträge durch die Züchtung von Kulturpflanzen steigern. Um dieses Ziel zu erreichen, wird ein »Amt W« (Waffen) im Reichserziehungsministerium geschaffen, das dem Leiter des Reichsforschungsrates in Personalunion untersteht.

Beträchtliche Geldsummen werden in die Luftfahrtforschung investiert. Görings Luftfahrtministerium fördert ab Mitte 1936 die Deutsche Versuchsanstalt für Luftfahrt in Berlin-Adlershof: Namhafte Ingenieure wie Adolf Teichmann, Asmus Hansen und Paul Freiherr von Handel sind dort als Professoren tätig. Am 16. April 1937 wird auch eine Deutsche Akademie für Luftfahrtforschung in Berlin-Gatow eröffnet. Auf dem Gelände der Versuchsstelle des Heereswaffenamtes (HWA) im brandenburgischen Kummersdorf, südlich von Berlin, wird intensiv an der Raketentechnik geforscht. 1937 sind die unter der Leitung von Wernher von Braun fertiggestellten Raketen schon so groß, dass ein Start ohne Gefährdung der Umgebung nicht mehr möglich ist. Die Raketenentwicklung muss nach Peenemünde verlagert werden.

Allerdings werden technische Fortschritte in der Raketen- und auch in der Kerntechnik zugunsten der Entwicklung kurzfristig verfügbarer Waffensysteme sowie der Massenproduktion von Waffen und Munitionen eher vernachlässigt. Rund 7000 Angestellte des HWA arbeiten unter der Leitung von General Kurt Liese nicht nur an der Fertigung von Waffen und sonstige Geräten für das deutsche Heer. Im zentralen

Entwicklungszentrum bei Luckenwalde werden Panzer und Munitionen erprobt, bis sie produktionsreif sind. Eines der berühmtesten Projekte des HWA ist das Eisenbahngeschütz »Dora«, eine 80-cm-Haubitze, die auf ausdrücklichen Wunsch Hitlers ab 1937 von Krupp hergestellt und als »größtes Geschütz aller Zeiten« gefeiert wird.

Rings um Berlin existieren Kasernen und Entwicklungs- und Produktionsstellen von Waffen. Dass die Reichshauptstadt in einem künftigen Krieg eine Kommandozentrale für militärische Operationen darstellen wird, ist Hitler und der Armeeführung absolut bewusst. 1937 wird deshalb auf einem 6000 Hektar großen Truppenübungsplatz in Wünsdorf bei Zossen mit der Errichtung einer umfangreichen Bunkersiedlung für den Generalstab begonnen: insgesamt 24 Bunkerhäuser, darunter der Nachrichtenbunker »Zeppelin«, in dem ab dem Zeitpunkt seiner Inbetriebnahme 1939 sämtliche Angriffspläne des Heeres entstehen werden.

Am 19. September 1937 beginnen auch im Osten des Reiches erstmals seit dem Ersten Weltkrieg große Manöver aller drei Waffengattungen. Die Presse berichtet begeistert von dem Ereignis. Im Rahmen dieser Manöver wird in Berlin eine Luftschutzwoche mit zahlreichen Übungen abgehalten.

^ *Eine Parade auf der Charlottenburger Chaussee: Ob die Berliner noch an die Friedensbeteuerung Hitlers glaubten, ist fraglich.*

DIE »DUNKLE WOCHE«

LUFTSCHUTZÜBUNGEN IN DER REICHSHAUPTSTADT

Ein noch milder Septembermorgen in Berlin. Es ist Montag und Hunderttausende sind auf dem Weg zu ihren Büros und Arbeitsstätten, als plötzlich der Heulton der Großalarmgeräte erklingt: Luftangriff!

Für die Bevölkerung kommt der Alarm völlig überraschend, doch jeder scheint zu wissen, was er zu tun hat. Es ist 8 Uhr 20. Alle lassen ihre Fahrräder und Autos am Straßenrand stehen, verlassen Straßenbahnen, S- und U-Bahnzüge und eilen in die Luftschutzkeller und Hilfsschutzräume, die von der Polizei und ihren Hilfsorganen mit zahlreichen großen Plakaten und Fahnen deutlich erkennbar gemacht worden sind. Nach wenigen Minuten sind Straßen und Plätze menschenleer. Berlin ist ausgestorben – und wartet auf das Zeichen zur Entwarnung. Unter einem mit dunklen Wolken verhängten Himmel rasen wenig später die Staffeln der Luftwaffe über das Häusermeer Berlins hinweg. Gleichzeit hört man die ersten Flaks der Abwehr rattern. Im Stadtzentrum platzen die ersten »Bomben«, auf den Dächern zügeln »Flammen« und dunkle Rauchsäulen steigen, vom Wind getrieben, in den Himmel.

Als die Rauchwolken sich lichten, erkennt man, dass das Hotel *Kaiserhof* am Wilhelmplatz von »schweren Bomben« getroffen worden ist, die »schwere Verwüstungen« angerichtet haben. Rote Jagdflugzeuge donnern über das Regierungsviertel. Kurz darauf ist der Angriff vorüber, die Menschen tauchen allmählich wieder auf. Die ersten sind die Männer des zivilen Luftschutzes, die die Arbeit organisieren, um so

< Bomben auf Berlin im September 1937: Noch ist es nur eine Übung. Zwei Jahre vor dem Krieg wird der Luftschutz auf die Probe gestellt.

schnell wie möglich alle »Schäden« zu beseitigen. Feuerwehrmänner entrollen ihre Schlauchleitungen und arbeiten in Gasmasken an der »Entgiftung« der zerbombten Gebiete.

In der Siemensstadt ruht der Verkehr noch. Die Menschen kommen still und diszipliniert aus den Sammelschutzräumen. Unter der Brücke am Wernerwerk liegt ein umgestürzter Autobus. Im Kraftwerk West sollen zahlreiche »Brandbomben« eingeschlagen haben. Der Werkschutz arbeitet eifrig daran, eine getroffene Kabelbrücke wiederzuerrichten. Eine Maschine gilt als »lahmgelegt«, mehrere »Brände« werden gelöscht und die »Verwundeten« verbunden und untergebracht. In Ruhleben sind die Wagen eines Zuges entgleist und schwere Gleisschäden entstanden. Zwei Kasernen der Wehrmacht sind betroffen und brennen, Hausfeuerwehr und Berliner Feuerwehr sind dort im Einsatz. In allen anderen Stadtteilen ist schon vor einer Weile das Entwarnungszeichen gegeben worden – das Leben hat wieder sein Alltagsgesicht angenommen.

Was sich in den frühen Morgenstunden des 20. Septembers 1937 in Berlin abspielt, ist die größte zivile Luftschutzübung, die die Reichshauptstadt bislang erlebt hat. Auf Anordnung von Reichsluftfahrtminister Göring steht Berlin die ganze Woche bis zum 28. September im Zeichen der großen zivilen Luftschutzübungen. »Im Weltkrieg 1914/1918 ist Deutschland [...] von den unmittelbar vernichtenden Wirkungen des Krieges verschont geblieben. [...] Wenn aber auch Erfahrungen am eigenen Leibe [...] nicht oder nur in geringem Umfang vorliegen, so sind doch die Erkenntnis-

^ *Die Berliner Feuerwehr versucht nach dem simulierten Luftangriff die »Brände« zu löschen.*

se des Weltkrieges, verbunden mit den Beobachtungen der Nachkriegsluftrüstungen anderer Länder im aktiven und passiven Luftschutz und die Erfahrungen dieser Länder in ihren Kolonial- usw. Kriegen, lehrreich und augenfällig. Sie sind derart, dass es auch bei uns keinen denkenden und verantwortungsbewussten Menschen mehr gibt, der die Notwendigkeit der Luftwaffe und des Luftschutzes, beides für die Verteidigung des Landes, nicht einsähe. Was uns not ist, ist nächst dem Denken und Einsehen das Handeln«, so der *Völkische Beobachter* am Tag nach der Übung.

Die verheerenden Folgen von Bombardements in China und Spanien haben tiefe Eindrücke sowohl bei der Bevölkerung als auch bei der Regierung hinterlassen. In Shanghai unternehmen die Japaner gerade in diesen Tagen Luftangriffe in großem Stil. In Spanien hat Görings neue Luftwaffe gezeigt – obwohl die Reichsregierung die Zerstörung von Guernica öffentlich als »Hetzlüge« bezeichnet –, was Flugzeuge in wenigen Minuten in einer Stadt anrichten können.

Allerdings ist sich die nationalsozialistische Führung über die »zeitgeborene Notwendigkeit« einer einsatzfähigen Luftwaffe und eines wirksamen Luftschutzes schon lange im Klaren. Der erste offizielle Aufruf Hermann Görings zur Warnung vor den Gefahren eines künftigen Luftkrieges stammt vom 29. April 1933, keine drei Monate nach der Machtergreifung: »Jede deutsche Stadt ist für Flieger er-

^ *Helfer bei der Schadenbeseitigung. Einen wirksamen Luftschutz sahen die Nationalsozialisten als »zeitgeborene Notwendigkeit«.*

reichbar. Unsere wichtigen Industrien liegen im nahen Wirkungsbereich fremder Fliegerkampfkräfte. Der Luftschutz ist daher zu einer Lebensfrage für unser Volk geworden. Er verlangt einen jahrelangen zielbewussten Aufbau unter fachmännischer Leitung und straffer Führung.«

Dieser Aufbau ist konsequent durchgeführt worden. Aufgrund des Luftschutzgesetzes vom Juni 1935 wurden unter allen Neubauten Luftschutzräume angelegt. 1935 ist der erste Bunker in Berlin entstanden, eine Anlage für mehrere hundert Personen unter dem neuen Reichsluftfahrtministerium Wilhelmstraße Ecke Leipziger Straße. Im Laufe des Jahres 1937 lassen die zuständigen Behörden prüfen, inwieweit das Berliner U-Bahnnetz für Luftschutzzwecke verwendet werden kann, während der Baustab Wilhelmi des GBI Speer Baupläne für die Errichtung eines Luftschutzbunkers für etwa 4000 Menschen im tiefsten U-Bahnhof Berlins, dem Bahnhof Gesundbrunnen, entwickelt. Die einwöchige Luftschutzübung in Berlin soll nun in erster Linie den Vorbereitungsstand der zivilen Bevölkerung testen.

Die Reaktion der Berliner auf den ersten »Luftangriff« stellt die Behörden zufrieden. Laut dem *Völkischen Beobachter* »zeigten die Millionen Menschen eine Disziplin, die höchste Anerkennung verdient.« Der 1933 von Göring ins

^ *Simulierte Zerstörung: Ein umgestürzter Bus unter der Brücke am Wernerwerk in der Siemensstadt.*

Leben gerufene Reichsluftschutzbund e.V., der es sich zur Hauptaufgabe gemacht hat, »das deutsche Volk von der lebenswichtigen Bedeutung des Luftschutzes [zu] überzeugen und zur tätigen Mitarbeit [zu] gewinnen«, hat gute Arbeit geleistet. Doch, so der *Völkische Beobachter* am 21. September, »die Frage ist gestattet: Es sind doch noch nicht überall Schutzkeller und Gasmasken vorhanden, um die Übung tatsachengleich durchzuführen? [...] In Berlin allein sind 7000 Luftschutzräume nötig, aber noch nicht fertig. Sie herzustellen kann nur in größeren Zeiträumen möglich sein. Die Gasmaskeneinführung ist seit langem eingeleitet und wird planmäßig betrieben. [...] Vordringliche Arbeit musste bisher geleistet werden, wie der Aufbau der Luftwaffe und der Einbau der 6 Millionen Arbeitslosen in das Gefüge der Volkswirtschaft. [...] Die Frage ist nicht, ob da und dort Mängel auftreten, sondern ob der Kern gesund ist.«

Viel muss noch geschehen, vor allem auf der Ebene der Infrastruktur, das geben die Nationalsozialisten im September 1937 offen zu. Aber »seelisch« ist Berlin – hier sind sich Presse und offizielle Stellen einig – auf einen Luftangriff gut vorbereitet. Einen weiteren Beweis dafür liefert die Stadt am Dienstagabend: bei der Verdunklungsübung.

Um 18.30 Uhr verkaufen die Papiergeschäfte in Berlin ihre allerletzten Meter schwarzes Papier. Alle Fenster müssen an diesem Abend damit verdeckt werden. Die Autoscheinwerfer bekommen dunkle Kapuzen, noch während der Abend anbricht. Keine der 120 000 Straßenlaternen Berlins soll leuchten, keine Lichtfassade. Um 19 Uhr verschwindet die Quadriga auf dem Brandenburger Tor in der Dämmerung. Auch die Rathausuhren sind nicht mehr zu sehen. Unter den Linden heben sich nur noch die weißen Säulen mit ihren goldenen Adlern von der Dunkelheit ab. Der Schmuck der »Linden« kann nicht entfernt werden: Am Wochenende erwartet Berlin einen besonderen Staatsgast.

Die Straßenbahn fährt mit abgeblendeten Lichtern und die Menschen auf der Straße werden langsam zu Schatten. »Achtung! Achtung!« ruft ein Lautsprecher am Bahnhof Friedrichstraße, »Wichtige Mitteilung an alle Verkehrsteilnehmer: Beachten Sie die Anordnungen der Polizeiorgane, so werden Verkehrsstockungen verhindert. Bleiben Sie nicht an den Kreuzungen stehen. Gehen Sie ruhig weiter.« Es ist nun vollkommen dunkel, ein gespenstisches Bild.

Doch hinter den verhängten Fenstern, in dunklen Wagen und Bahnen geht das Leben für die über vier Millionen Berliner weiter. Auf den Bahnhöfen laufen die dunklen Züge ein. Die Zugbegleiter müssen laut die Fahrrichtung ausrufen, denn die Schilder sind nicht mehr zu lesen. In den U-Bahn-Stationen unter der Erde gibt es strahlendes Licht. Oben ist dagegen alles vorschriftsmäßig verdunkelt – bis auf den Mond: »Rund und prall blickt er vom Nachthimmel, ohne sich um die Luftschutzmaßnahmen einer Weltstadt zu

kümmern«, so der *Völkische Beobachter* in einem Bericht am folgenden Tag.

Als die meisten Menschen sich an die Dunkelheit gewöhnt haben, zieht langsam eine dicke graue Wolke von Süden herauf, die auch den Mond verhüllt. »Fliegeralarm!« geben die Posten auf den Hochhäusern der Hauptstadt Alarm. Überall stehen versteckt und getarnt Flugabwehrkanonen, die Berlin verteidigen sollen. Scheinwerfer suchen den Himmel ab und bald brummt es überall in der Luft.

Der »Luftangriff« bei Nacht dauert etwas länger als der Tagesangriff. Die Verdunklungsübung geht weiter, bis die Morgendämmerung wieder das gewohnte Bild Berlins zeigt. Auch diese Prüfung ist bestanden: »Göring kann stolz sein!« jubeln die Tageszeitungen am Tag darauf. »Wir sind kreuz und quer durch die verdunkelte Reichshauptstadt gefahren«, so der *Völkische Beobachter*, »vom Funkturm [...] bis zum Alex, vom ausgedehnten Flughafen [Tempelhof, d. V.] bis nach Pankow, mit der S-Bahn und der U-Bahn, mit Straßenbahnen und Autobussen: überall wechselnde Bilder und überall doch ein gemeinsamer Eindruck von der Disziplin und der Kameradschaft der Berliner.«

Auch die ausländische Presse bewundert Berlins erste Luftschutzübungen, die britischen Beobachter sind verblüfft über die Disziplin der Bevölkerung: »In zehn Minuten waren viereinhalb Millionen Berliner unter der Erde verschwunden und die Riesenstadt war so still wie London während der Minute des Schweigens am Waffenstillstandstag.« Die italienischen Zeitungen bezeichnen die Übungen in Berlin als vorbildlich und heben hervor, dass es sich um »die größ-

ten und wirksamsten Luftschutzübungen« handelt, »die bisher in Deutschland durchgeführt wurden«. »Es hat glänzend geklappt«, berichtet das Pariser Mittagsblatt *Paris Midi*: »Die Bevölkerung habe [...] bewiesen, dass sie gut in Übung sei. Sie sei, daran könne man nicht zweifeln, in der Lage, jeder Eventualität ins Auge zu sehen.« Auch die polnische Presse berichtet ausführlich über die Verdunklungsübung. Im *Kurier Warszawski* wird festgestellt, dass »die Großübung ausgezeichnet ausgefallen sei und [...] obwohl sich sämtliche Berliner Verkehrsteilnehmer im Dunkel bewegten, habe es doch nicht einen einzigen Unfall gegeben.«

Das Kriegspielen soll eine Woche dauern – die »dunkle Woche«, wie sie gleich im Volksmund genannt wird. Nach sieben verdunkelten Nächten wird die Reichshauptstadt in der achten Nacht in einem Lichtermeer erstrahlen: In aller Pracht soll sie Mussolini empfangen.

^ *Die »Verletzten« der ersten großen Luftschutzübung in der Reichshauptstadt.*

200

DER STAATSGAST

BENITO MUSSOLINI UND DIE ACHSE BERLIN–ROM

Neben den Krönungsfeierlichkeiten in London, der Weltausstellung in Paris und dem Parteitag in Nürnberg stellt der Staatsbesuch des italienischen Ministerpräsidenten Benito Mussolini in Deutschland zweifellos eines der größten Ereignisse des Jahres 1937 dar. Die fünftägige Reise des »Duce« durch das Deutsche Reich ist der Höhepunkt im mühsamen, im Lauf des Jahres 1937 allerdings deutlich beschleunigten Annäherungsprozess der beiden faschistischen Nationen. Der Staatsbesuch ist aber nicht nur Sache Deutschlands und Italiens, er markiert zugleich auch einen Wendepunkt der internationalen politischen Konstellation.

Bis 1936 ist die Politik Italiens gegenüber dem nationalsozialistischen Deutschland zweideutig gewesen. Ideologische Affinitäten einerseits, politische Distanz andererseits haben die Beziehungen geprägt. Die kühle Haltung Mussolinis gegenüber seinem Nachahmer und Rivalen Hitler hat sich erst mit dem Kolonialabenteuer in Abessinien verändert, als Italien in der Gefahr internationaler Isolierung dringend Verbündete benötigte.

Durch die Verhärtung der Fronten zwischen den westlichen Demokratien und den totalitären Regimes während des Bürgerkriegs in Spanien waren sich Italien und Deutschland immer näher gekommen. 1937 nimmt das Zusammengehen konkrete Formen an. Minister beider Länder treffen sich zum politischen Austausch, Delegationsreisen von Arbeitern, Journalisten und Touristen werden durch die Deutsche Arbeitsfront und die Organisation »Kraft durch Freude«

<. Abschied am Bahnsteig: Wie brüchig die deutsch-italienische Freundschaft war, sollte sich im Krieg zeigen.

auf der einen Seite, die italienischen Pendants *Corporazioni* und das *Dopolavoro* auf der anderen zunehmend gefördert. So sehen Hitler und Mussolini im Herbst 1937 den Zeitpunkt gekommen, der »Achse Berlin – Rom« mit einer spektakulären Inszenierung Ausdruck zu verleihen.

Mussolini trifft am 25. September mit großem Gefolge in München ein. Die deutsche Öffentlichkeit ist von der Propaganda auf das Großereignis adäquat vorbereitet worden. Seit der ersten Ankündigung der Reise Anfang September veröffentlicht die Presse ausführliche Berichte über die Person Mussolinis, sowohl als »großer Staatsmann« als auch als »Privatmann«. Die Deutschlandreise des »Duce« soll an erster Stelle zur Popularisierung der »Achse Berlin – Rom« beitragen: Die beiden Völker sollen sich verbrüdern. Auf deutscher Seite will man aber auch den »Erfinder des Faschismus«, dem sich Hitler persönlich verbunden fühlt, beeindrucken, verführen und so für Deutschland gewinnen.

Nach seiner ersten Station in der »Wiege der nationalsozialistischen Bewegung« München fährt Mussolini weiter nach Mecklenburg, wo große Wehrmachtsmanöver stattfinden, anschließend besucht er die »Waffenschmiede des Reiches«, die Krupp'schen Stahlwerke in Essen. Die Reichshauptstadt ist die letzte Etappe des triumphalen Staatsbesuchs, propagandistisch die wichtigste.

»Das grandioseste Ereignis bei Mussolinis Deutschlandbesuch«, erinnerte sich der Dolmetscher Paul Schmidt, »war aber zweifellos sein triumphaler Einzug in Berlin.« Der »Duce« trifft am Nachmittag des 27. September in der Reichshauptstadt ein. »Vor Spandau-West tauchte unerwartet Hitlers Zug neben dem Zuge Mussolinis auf dem linken Bahngleise auf und blieb von da ab genau auf gleicher Höhe mit uns. Das war ein regietechnisches Kunststück, das sich die Reichsbahn ausgedacht hatte. Es setzte, wie mir Fachleute versicherten, bei zwei schweren, von je zwei Lokomotiven gezogenen Zügen eine erhebliche technische Gewandtheit der Lokomotivführer voraus, die diese sich in tagelangen ›Übungen am Phantom‹ vorher angeeignet hatten. Eine Viertelstunde lang fuhren die beiden Züge so nebeneinander her. [...] Kurz vor der Einfahrt in den Bahnhof Heerstraße war der deutsche Zug fast unmerklich schneller gefahren,

so dass er um einige Sekunden eher am Bahnsteig hielt als unser italienischer Zug. Auch das hatte sich die Reichsbahn wohl überlegt, denn auf diese Weise konnte Hitler gerade die paar Schritte über den Bahnsteig zurücklegen, um genau in dem Augenblick, als der italienische Zug zum Halten kam, vor Mussolinis Salonwagen diesem die Hand zum Gruß entgegenstrecken zu können. Wir waren wieder mitten auf der großen Revuebühne der nationalsozialistischen Regiekunst. Es hatte großartig geklappt.«

»Mussolini sah Berlin auf einer langen Anfahrt, die einem großen Teil der Bevölkerung Platz gewährte«, erinnert sich Filippo Anfuso, damals Staatssekretär im Außenministerium und Mitglied der italienischen Delegation. Auf der Station tritt »der ganze nazistische Olymp«, sämtliche Persönlichkeiten des Regimes, in zwei Reihen und tadelloser Ordnung an. Auf dem Bahnhofsvorplatz stehen die offenen Mercedeswagen in langen Reihen. Jeder Fahrer hält eine Kelle in die Höhe, auf der eine Nummer steht, und jedem Teilnehmer ist ein Zettel mit seiner Autonummer ausgehändigt worden, damit sich in jedem Wagen ein deutsch-italienisches Paar zusammenfindet. »Meistens wussten die Deutschen, mit wem sie zusammen fahren würden«, so Schmidt, »und suchten sich ihren Partner aus der Menge des italienischen Ge-

^ *Mussolinis Staatsbesuch war der Höhepunkt im Annäherungsprozess der zwei faschistischen Staaten.*

folges heraus, um schneller zum Wagen zu gelangen, denn es war, wie bei einem Ballett, alles auf genaue und pünktliche Reihenfolge abgestellt.« Der lange Tross der Fahrzeuge setzt sich in Bewegung und zieht durch Straßen und über Plätze in Charlottenburg, über den Reichskanzlerplatz, den Kaiserdamm, die Bismarckstraße und die Charlottenburger Chaussee.

Der Enthusiasmus der Berliner ist überwältigend. Die »dunkle Woche« der großen Luftschutzübung haben sie gerade hinter sich gebracht; wie aus einem Tunnel heraustretend, strahlt die herausgeputzte Stadt wie zur unvergesslichen Zeit der Olympiade und der 700-Jahre-Feierlichkeiten. Das Brandenburger Tor und der Pariser Platz sind von dem Bühnenbilder Benno von Arendt in eine, so Schmidt, »richtiggehende Theaterdekoration mit Pylonen, Liktorenbündeln, riesigen Adlern, Hakenkreuzen, Fahnenmasten und gerafften, geballten oder künstlerisch verknoteten Fahnentüchern in italienischen und deutschen Farben verwandelt worden.« Die Italiener sind vom brausenden Beifall, der Mischung von Heil- und »Duce«-Rufen stark beeindruckt: »Die Masse der Deutschen [war] wirklich außer sich vor Freude [...], ausländischen Besuch zu empfangen«, erinnerte sich Anfuso, »mochte er auch so unnordisch sein wie die Italiener. Sie waren seit 1919 so grausam verlassen!« An diesem Tag bleiben alle Betriebe in der Stadt geschlossen. Für alle Berliner Berufs- und Handelsschulen ist schulfrei angeordnet.

Die Führer beider faschistischer Nationen ziehen unter den Ovationen der Menge durch das Brandenburger Tor und biegen in die Wilhelmstraße ein. »Ich hatte den Eindruck, Statist einer gigantischen Opernaufführung zu sein«, notierte Schmidt. Fahnentücher hängen gestaffelt an den Häuserfronten auf beiden Straßenseiten herab. »Große Scheinwerfer holten im Abenddämmern auch noch das Letzte an Farbwirkungen aus dem italienischen Grün-Weiß-Rot und dem nationalsozialistischen Rot der Hakenkreuzflaggen heraus. Funkelnd blitzen die Standartenspitzen der Spalier bildenden Verbände, während die Faschistenhymne aus dem Ehrenhof des alten Reichspräsidentenpalais ertönte.« Am Abend findet ein festliches Abendessen in der Reichskanzlei statt, in der es zu einer ersten, informellen Unterredung zwischen Hitler und Mussolini kommt.

Offiziell aber sind keine politischen Gespräche vorgesehen. Am nächsten Tag stehen Paraden und Banketts auf dem Festplan, den deutsche und italienische Stellen gemeinsam entworfen haben. Hitler lässt die Wehrmacht auf der Charlottenburger Chaussee vor den Augen der Italiener marschieren. Mussolini, der vor der Technischen Universität Seite an Seite mit dem »Führer« auftritt, ist vom Stechschritt besonders angetan und verordnet ihn gleich nach

^ *Die Wehrmachtparade am 28. September 1937 in Berlin: Mussolini war vom Stechschritt begeistert und ließ ihn gleich in Italien einführen.*

seiner Rückkehr in Rom als passo romano auch der italienischen Armee. Der »Duce« besucht auch Potsdam – Sanssouci, das Grab Friedrichs des Großen – und Görings Privatsitz Karinhall, doch der Höhepunkt seiner Deutschlandreise ist die abendliche Großkundgebung auf dem Reichssportfeld in Berlin am 28. September. Hitler und Mussolini ergreifen das Wort und sprechen zur Welt, die mit Sorge das deutsch-italienische Treffen verfolgt.

Auf dem Maifeld vor dem Olympiastadion versammeln sich am Abend des 28. September über 650 000 Berliner. Die Presse spricht von einer Million Menschen. Es ist ein stürmischer Spätsommerabend. Regendrohende Wolken ziehen über das Sportfeld. Trotz Wind und Gewitter hören die Anwesenden wie gefesselt in fast religiöser Stille die Worte des »Führers«. »Das faschistische Italien ist an den Demütigungen unseres Volkes nicht beteiligt«, sagt Hitler – die Rede wird im Funk übertragen – zu »115 Millionen Angehörigen zweier Völker, die in heißer Empfindung an diesem geschichtlichen Vorgang teilnehmen.« Er spricht von der »Gemeinsamkeit nicht nur der Ansichten, sondern auch des Handelns«. Der Jubel der Menge, die innerhalb und außerhalb des Stadions versammelt ist, bricht aus, als Hitler die Worte spricht: »Deutschland ist wieder eine Weltmacht.«

Dann tritt Mussolini ans Mikrophon. Ein Wolkenbruch geht über dem Stadion nieder. Der »Duce« spricht deutsch: »Man darf meinen Besuch nicht nach demselben Maßstab messen wie die üblichen diplomatisch-politischen Besuche. [...] Der ganzen Welt, die sich gespannt fragt, was das Ergebnis der Begegnung in Berlin sein wird: Krieg oder Friede, können wir beide, der Führer und ich, mit lauter Stimme antworten: Friede.« Und zum Schluss: »Der Faschismus hat eine Ethik, der er treu zu bleiben beabsichtigt [...]: Wenn man einen Freund hat, mit ihm zusammen bis ans Ende marschieren. [...] Das Europa von morgen wird faschistisch sein.« Die Inszenierung eines riesigen »Lichtdoms« aus 78 Scheinwerferkegeln schließt die Kundgebung ab.

Unter Blitz und Donner fährt die italienische Delegation, von den Deutschen begleitet, zurück nach Mitte. »Um die durchnässten Massen, die unterwegs Spalier bildeten«, so Schmidt, »nicht um das von ihnen so teuer bezahlte Schauspiel zu bringen, war angeordnet worden, dass die Wagen nicht geschlossen werden durften. [...] Die Berliner nahmen alles mit Humor auf. ›Avanti!‹, scholl es uns mehrmals aus den Baumkronen entgegen, wo klettergewandte Mitbürger sich einen besonderen Logenplatz erobert hatten. Ich fürchtete schon, dass aus feuchtem Übermut auch ›Maccaroni‹ gerufen werden würde, denn ich kannte ja meine Berliner.«

Das Schauspiel lässt für politische Gespräche keine Zeit, es wird nicht einmal ein Schlusskommuniqué herausgegeben. Nur in Trinksprüchen, die Mussolini und Hitler beim abendlichen Bankett in der Reichskanzlei wechseln, wird das Thema des Bündnisses angesprochen: »Italien und Deutschland haben sich in aufrichtiger Freundschaft und gemeinsamer politischer Zusammenarbeit gefunden«, sagt Hitler, sie wollten »der Sicherung des Friedens und einer allgemeinen internationalen Verständigung dienen.« Mussolini antwortet, dass »die deutsch-italienische Solidarität eine lebendige und tätige« sei und »Italien und Deutschland bereit« wären, »mit allen anderen Völkern zusammenzuarbeiten«.

Die »Verführung« Mussolinis, insbesondere die Großinszenierung in Berlin, ist erfolgreich. Italien bindet sich von nun an fest an das »Dritte Reich«, was schwerwiegende Folgen nicht nur für die Zukunft des Mittelmeerlandes, sondern für die internationale Politik überhaupt haben wird. Knapp zwei Monate nach der Deutschlandreise Mussolinis tritt das faschistische Italien dem Antikominternpakt bei, welcher das Deutsche Reich und Japan schon seit 1936 »im Kampf gegen den Bolschewismus« vereint. Im Dezember 1937 tritt Rom sogar aus dem Völkerbund aus. Die magische Wirkung des Treffens von Berlin entscheidet das Schicksal Italiens. Wie brüchig aber trotz aller Bemühungen beider Regimes die deutsch-italienische Freundschaft ist, werden die Ereignisse der unmittelbar folgenden Jahre deutlich zeigen.

DIE »LÖSUNG DER DEUTSCHEN FRAGE«

HITLERS GEHEIMKONFERENZ

Um Fragen der Rohstoffversorgung für die Rüstungswirtschaft zu diskutieren, wird für den 5. November 1937 eine Geheimkonferenz einberufen. An der Unterredung in der Berliner Reichskanzlei nehmen Hitler, Reichswehrminister von Blomberg und die Oberbefehlshaber von Heer, Marine und Luftwaffe, von Fritsch, Raeder und Göring teil. Dabei sind auch Außenminister von Neurath und Hitlers militärischer Adjutant, Oberst Friedrich Hoßbach.

Hitler scheint das Thema der Besprechung völlig zu ignorieren. Statt sich mit den rüstungswirtschaftlichen Schwierigkeiten zu befassen, die zur Debatte stehen, bietet er seinen hochrangigen Gefolgsleuten zu deren Überraschung Einblicke in seine weitgespannten außenpolitischen Visionen. In einem Monolog, der die mehrstündige Unterredung beherrscht, stellt er den Vertretern aller Teilstreitkräfte und dem Außenminister seine Kriegsplanungen in bisher noch nie so klar formulierten Worten vor.

Oberst Hoßbach fertigt fünf Tage nach der Geheimkonferenz, am 10. November, anhand stichwortartiger Notizen eine Niederschrift an, die zwar die Inhalte, jedoch nicht den genauen Wortlaut der Besprechung wiedergibt. Trotz ihrer komplizierten und auch umstrittenen Überlieferungsgeschichte wird die sogenannte »Hoßbach-Niederschrift« heute von Historikern als Quelle wichtigen Ranges angesehen: Sie zeigt in aller Deutlichkeit den Widerspruch zwischen den offiziellen Verlautbarungen und den in vertraulichen Kreisen geäußerten außenpolitischen Zielen des »Dritten

< Klare Ziele: Bei der Geheimkonferenz vom 5. November 1937 in der Berliner Reichskanzlei präsentierte Hitler seine Kriegsvorstellungen.

Reichs«. Nach außen vermittelt Hitler den Eindruck, an einer friedlichen Lösung der Konflikte interessiert zu sein, doch tatsächlich zieht er den Krieg als politisches Mittel stets ins Kalkül.

Der »Führer« beginnt seine Ausführungen mit der Feststellung, dass das Ziel der deutschen Politik – so Hoßbach – »die Sicherung und die Erhaltung der Volksmasse und deren Vermehrung« sei. Deutschland müsse auf seine Raumnotlage reagieren, denn eine vollkommen vom Außenhandel unabhängige Volkswirtschaft sei mit dem damaligen Gebiet des Reiches nicht zu erreichen. Eine Erweiterung des deutschen Territoriums sei daher unumgänglich.

Hitler laut Hoßbachs Bericht:

Zur Lösung der deutschen Frage könne es nur den Weg der Gewalt geben, dieser niemals risikolos sein. Die Kämpfe Friedrichs des Großen um Schlesien und die Kriege Bismarcks gegen Österreich und Frankreich seien von unerhörtem Risiko gewesen und die Schnelligkeit des preußischen Handelns 1870 habe Österreich vom Eintritt in den Krieg ferngehalten. Stelle man an die Spitze der nachfolgenden Ausführungen den Entschluss zur Anwendung von Gewalt unter Risiko, dann bleibe noch die Beantwortung der Fragen ›wann‹ und ›wie‹.

Hitler entwirft vor seinen Zuhörern unterschiedliche Szenarien: Spätestens 1943/45 sei die deutsche »Raumfrage« zu lösen und ein Angriffskrieg zu führen.

Nicht alle Beteiligten begreifen die Tragweite dieser Ausführungen. Großadmiral Raeder wird in seiner Biographie erklären, dass in der Unterredung »eine Schwenkung zu einer kriegerischen Politik nicht beabsichtigt war«. Die Wehrmachtsgeneräle erheben Bedenken. Fritsch und Hoßbach zeigen sich besorgt, Neurath sogar erschüttert. Der Außenminister will eine solche Politik nicht mittragen und bietet Hitler kurze Zeit nach der Besprechung seinen Rücktritt an, zunächst vergeblich.

Die Geheimkonferenz vom 5. November 1937, bei der Hitler zum ersten Mal der militärischen Führung mitteilt, dass er, abweichend von seiner bisherigen Politik, nun bereit ist, sowohl im Osten als auch im Westen Krieg zu

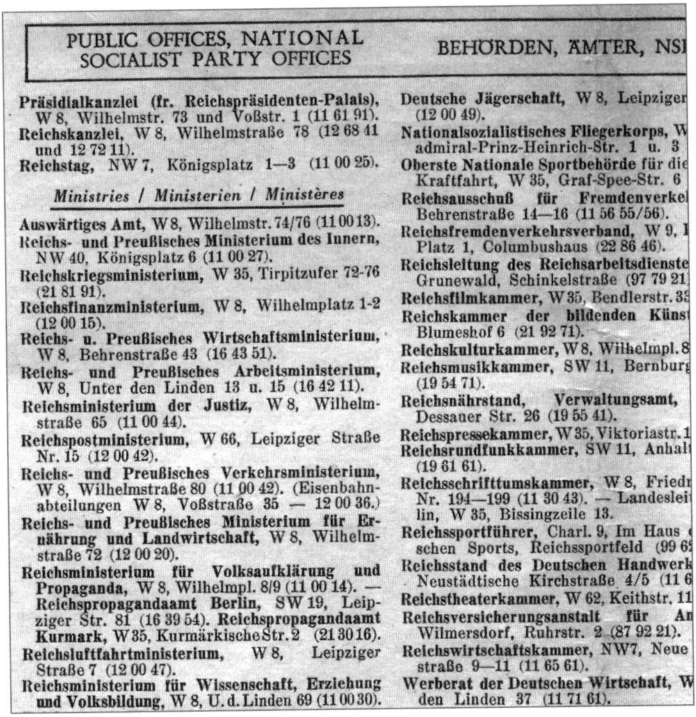

PUBLIC OFFICES, NATIONAL SOCIALIST PARTY OFFICES — BEHÖRDEN, ÄMTER, NS

Präsidialkanzlei (fr. Reichspräsidenten-Palais), W 8, Wilhelmstr. 73 und Voßstr. 1 (11 61 91).
Reichskanzlei, W 8, Wilhelmstraße 78 (12 68 41 und 12 72 11).
Reichstag, NW 7, Königsplatz 1—3 (11 00 25).

Ministries / Ministerien / Ministères

Auswärtiges Amt, W 8, Wilhelmstr. 74/76 (11 00 13).
Reichs- und Preußisches Ministerium des Innern, NW 40, Königsplatz 6 (11 00 27).
Reichskriegsministerium, W 35, Tirpitzufer 72-76 (21 81 91).
Reichsfinanzministerium, W 8, Wilhelmplatz 1-2 (12 00 15).
Reichs- u. Preußisches Wirtschaftsministerium, W 8, Behrenstraße 43 (16 43 51).
Reichs- und Preußisches Arbeitsministerium, W 8, Unter den Linden 13 u. 15 (16 42 11).
Reichsministerium der Justiz, W 8, Wilhelmstraße 65 (11 00 44).
Reichspostministerium, W 66, Leipziger Straße Nr. 15 (12 00 42).
Reichs- und Preußisches Verkehrsministerium, W 8, Wilhelmstraße 80 (11 00 42). (Eisenbahnabteilungen W 8, Voßstraße 35 — 12 00 36.)
Reichs- und Preußisches Ministerium für Ernährung und Landwirtschaft, W 8, Wilhelmstraße 72 (12 00 20).
Reichsministerium für Volksaufklärung und Propaganda, W 8, Wilhelmpl. 8/9 (11 00 14). — **Reichspropagandaamt Berlin,** SW 19, Leipziger Str. 81 (16 39 54). **Reichspropagandaamt Kurmark,** W 35, Kurmärkische Str. 2 (21 30 16).
Reichsluftfahrtministerium, W 8, Leipziger Straße 7 (12 00 47).
Reichsministerium für Wissenschaft, Erziehung und Volksbildung, W 8, U. d. Linden 69 (11 00 30).

Deutsche Jägerschaft, W 8, Leipziger (12 00 49).
Nationalsozialistisches Fliegerkorps, W admiral-Prinz-Heinrich-Str. 1 u. 3
Oberste Nationale Sportbehörde für die Kraftfahrt, W 35, Graf-Spee-Str. 6
Reichsausschuß für Fremdenverke Behrenstraße 14—16 (11 56 55/56).
Reichsfremdenverkehrsverband, W 9, Platz 1, Columbushaus (22 86 46).
Reichsleitung des Reichsarbeitsdienste Grunewald, Schinkelstraße (97 79 21)
Reichsfilmkammer, W 35, Bendlerstr. 3
Reichskammer der bildenden Küns Blumeshof 6 (21 92 71).
Reichskulturkammer, W 8, Wilhelmpl. 8
Reichsmusikkammer, SW 11, Bernbur (19 54 71).
Reichsnährstand, Verwaltungsamt, Dessauer Str. 26 (19 55 41).
Reichspressekammer, W 35, Viktoriastr. 1
Reichsrundfunkkammer, SW 11, Anhal (19 61 61).
Reichsschrifttumskammer, W 8, Fried Nr. 194—199 (11 30 43). — Landeslei lin, W 35, Bissingzeile 13.
Reichssportführer, Charl. 9, Im Haus schen Sports, Reichssportfeld (99 6
Reichsstand des Deutschen Handwerk Neustädtische Kirchstraße 4/5 (11 6
Reichstheaterkammer, W 62, Keithstr. 11
Reichsversicherungsanstalt für An Wilmersdorf, Ruhrstr. 2 (87 92 21).
Reichswirtschaftskammer, NW7, Neue straße 9—11 (11 65 61).
Werberat der Deutschen Wirtschaft, W den Linden 37 (11 71 61).

führen, bezeichnet tatsächlich einen Wendepunkt in der Außenpolitik des »Dritten Reichs«. Es folgt ein umfangreiches Personalrevirement: Am 30. November beantragt Reichswirtschaftsminister Hjalmar Schacht seine Entlassung. Er will die Finanzierungsmethoden des Arbeitsbeschaffungsprogramms nicht länger verantworten und drängt zudem ohne Erfolg auf eine Rüstungspause, um der zunehmenden Warenknappheit im Inland entgegenzuwirken. Er wird durch Walther Funk ersetzt. Außenminister Neurath wird im Februar 1938 abgelöst von Joachim von Ribbentrop, einem überzeugten Nationalsozialisten, das Reichswehrministerium wird nach dem Rücktritt von Blombergs im Januar 1938 durch das neu geschaffene Oberkommando der Wehrmacht mit General Wilhelm Keitel an der Spitze besetzt.

Sowohl Ribbentrop als auch Funk und Keitel sind Befürworter einer neuen, aggressiven Außenpolitik. Bis zum Beginn des Zweiten Weltkriegs sind es noch knapp zwei Jahre.

^ *Hitlers Telefonnummern in der Reichskanzlei: 126841 und 127211. Auszug aus einem Wochenprogramm des Ausländerdienstes des Berliner-Verkehrs-Vereins (1937).*

CHRONIK DES JAHRES 1937

Januar

1.1. Das von der Reichsregierung am 1. Dezember 1936 erlassene »Gesetz über die Verfassung und Verwaltung der Reichshauptstadt Berlin« tritt in Kraft. Berlin wird zu einem »Stadtkreis mit den Aufgaben eines Provinzialverbandes«

5.1. Adolf Hitler ernennt den bisherigen Staatskommissar Dr. Julius Lippert zum ersten Oberbürgermeister und Stadtpräsidenten Berlins.

9.1. Trotzki trifft in Mexiko ein.

10.1. Die Elbbrücke bei Hohenwarthe, nördlich von Magdeburg, wird dem Verkehr übergeben. Die Autobahn Berlin – Hannover wird damit durchgängig befahrbar.

15.1. Einrichtung von Adolf-Hitler-Schulen zur Eliteförderung.

26.1. Die deutsche Presse wird angewiesen, keine Nachrichten über Thomas Mann mehr zu veröffentlichen.

30.1. Bei einer feierlichen Reichstagssitzung zum vierten Jahrestag der Machtergreifung in der Kroll-Oper wird das »Ermächtigungsgesetz« für weitere vier Jahre verlängert. Hitler gibt die Ernennung von Albert Speer zum »Generalbauinspektor für die Reichshauptstadt Berlin« bekannt. Innerhalb von 20 Jahren soll Berlin zur »Welthauptstadt Germania« ausgebaut werden.
Der Reichskanzler gibt darüber hinaus die Einrichtung eines »Nationalpreises für Kunst und Wissenschaft« bekannt. Allen Deutschen ist von nun an die Annahme des Nobelpreises untersagt.

Februar

3.2. Der Ingenieur Wilhelm Ohnesorge wird Reichspostminister.

10.2. Im Sportpalast in Schöneberg eröffnen der Führer der Deutschen Arbeitsfront Dr. Robert Ley und der Reichsjugendführer Baldur von Schirach den vierten Reichsberufswettkampf.

16.2. Erste Grundgedanken des Physikers Manfred von Ardenne für die Entwicklung eines neuartigen Elektronenrastermikroskops.

26.2. Der Berliner Verleger Bruno Cassirer und der Inhaber des Berliner Thomas Verlages, Roland von Gizycki, werden aus der Reichsschrifttumskammer ausgeschlossen.

März

4.3. Anlässlich des Beginns der Tagung des Weltrundfunkvereins in Berlin wird verkündet, dass die Zahl der Rundfunkhörer in Deutschland 8,48 Millionen beträgt.

21.3. Die päpstliche Enzyklika »Mit brennender Sorge« wird in Deutschland verlesen.

22.3. Die Gestapo verhaftet in Berlin den Schriftsteller und »nationalbolschewistischen« Politiker Ernst Niekisch.

24.3. Herausgabe der ersten Briefmarke mit Hitler-Porträt.

April

1.4. Der Mediziner Wilhelm Tönnis übernimmt die Leitung der neugegründeten Neurochirurgischen Universitätsklinik am Hansaplatz, die erste dieser Art in Deutschland.
Der Schulbetrieb in der Festungspionierschule der Wehrmacht an der Zwieseler Straße (Lichtenberg) auf dem Areal eines ehemaligen Luftschifferplatzes wird aufgenommen.

4.4. Beginn des Schauprozesses gegen sieben führende Vertreter der katholischen Jugendbewegung wegen Hochverrats. Der Hauptangeklagte, Kaplan Joseph Rossaint, wird am 11. April vom Volksgerichtshof zu elf Jahren Zuchthaus verurteilt.

10.4. Ludwig Steeg wird zum Stellvertreter des Oberbürgermeisters Dr. Lippert ernannt.

11.4. Frühlingsfest des Berliner Buchhandels in Krolls Festsälen.
Juden werden im Deutschen Reich nicht mehr zur Promotion zugelassen.

16.4. Eröffnung der Deutschen Akademie für Luftfahrtforschung in Gatow.

23.4. Mit einer Großkundgebung im Sportpalast wird der sämtliche technisch-wissenschaftlichen Verbände umfassende NS-Bund Deutsche Technik gegründet.

26.4. Ein Luftangriff der deutschen Legion Condor zerstört die baskische Stadt Guernica.

30.4. Hitler eröffnet die Reichsausstellung »Gebt mir vier Jahre Zeit« am Kaiserdamm.

Mai

1.5. Der Schauspieler Emil Jannings erhält für seine Rolle in dem Film »Der Herrscher« in der Deutschen Oper den Nationalfilmpreis.
Anlässlich der Feierlichkeiten zum »Tag der nationalen Arbeit« wird die Aufnahmesperre in die NSDAP aufgehoben.

4.5. Alfred Hugenberg muss auf Druck der NSDAP die Aktienmehrheit an der Ufa an den Staat veräußern.

5.5. Verleihung des neu gestifteten »Literaturpreises der Reichshauptstadt Berlin«.

6.5. »Hindenburg-Katastrophe«: Der Zeppelin LZ 129 verunglückt in New Jersey.

8.5. Eröffnung der Propagandaschau »Schaffendes Volk« in Düsseldorf.

12.5. Gründung der Reichsbahnbaudirektion Berlin zur Neugestaltung des Eisenbahnnetzes der Hauptstadt.

23.5. John D. Rockefeller, der reichste Mann der Welt, stirbt in Florida.

25.5. Eröffnung der Pariser Weltausstellung.
Im Reichserziehungsministerium in Berlin wird der Reichsforschungsrat feierlich gegründet. Geleitet wird der Rat, dessen Forschungspotential sich auf kriegswichtige Ziele konzentrieren wird, von Prof. Dr. Karl Becker.

28.5. Arthur Neville Chamberlain tritt das Amt des Ministerpräsidenten Großbritanniens an. In Berlin erklärt Goebbels in einer Rede das Jahr 1937 zum Jahr der Offensive gegen die Kirche.

29.5. Der Senat der Kaiser-Wilhelm-Gesellschaft wählt den Nobelpreisträger und Chef von IG-Farben Carl Bosch zum Nachfolger Max Plancks als Präsident der Gesellschaft.

Juni

10.6. Der Ullstein-Verlag wird dem NS-Parteiverlag Eher-Verlag einverleibt.

18.6. Die Doppelmitgliedschaft in der HJ und in katholischen Jugendverbänden wird verboten.

20.6. Finale der Fußball-Gaumeisterschaft im Olympiastadion: Schalke 04 vs. FC Nürnberg 2:0.

23.6. 120 Personen, darunter der Dahlemer Pfarrer Martin Niemöller, werden im Zuge einer Verhaftungswelle gegen Mitglieder der Bekennenden Kirche in Berlin durch die Gestapo inhaftiert.

24.6. Kriegsminister von Blomberg erlässt eine geheime »Weisung für die einheitliche Kriegsvorbereitung der Wehrmacht«.

25.6. Ewald Rohlfs erreicht mit seinem Hubschrauber FW-61 die Rekordhöhe von 2339 Meter.

Juli

1.7. Adolf Hitlers Mein Kampf überschreitet die Dreimillionen-Auflage.
Martin Niemöller wird in Berlin von der Gestapo verhaftet.

7.7. Japan überfällt China.
Beginn der Beschlagnahmungsaktion von Werken der Bildenden Kunst durch die Ziegler-Kommission im Berliner Kronprinzenpalais im Rahmen der Vorbereitungen für die Großschau »Entartete Kunst« in Münchner Haus der Deutschen Kunst.

9.7. Richtfest am Neubau des Reichsbankgebäudes am Werderschen Markt.

12.7. Einführung der neuen 441-Zeilennorm für das deutsche Fernsehen durch die Reichspost.

19.7.	Beginn der Errichtung des Konzentrationslagers Buchenwald bei Weimar.
August	
1.8.	Das Internationale Stadionfest wird im Olympiastadion erstmals nach langjähriger Pause wieder durchgeführt.
6.8.	Der Theologe Otto Dibelius, Mitglied der Bekennenden Kirche, vor Gericht wegen regimekritischer Äußerungen, wird freigesprochen.
8.8.	Ende der 14. Rundfunkausstellung in der Berliner Messestadt.
11.8.	Auf einem Weltkongress in Basel verwerfen Zionisten den Teilungsplan Palästinas der Peel-Kommission.
14.8.	Mit der feierlichen Eröffnung der Ausstellung »700 Jahre Berlin« am Funkturm beginnen die bis zum 22. August dauernden Feierlichkeiten zur 700-Jahr-Feier der Stadt.
18.8.	In Berlin wird mit der Aufstellung von Straßenbänken mit dem Vermerk »Nur für Arier« begonnen.
September	
7.9.	Der Berliner Chirurg Professor Ferdinand Sauerbruch erhält den Nationalpreis für Wissenschaft.
19.9.	Beginn der größten Wehrmachtsmanöver seit dem Ersten Weltkrieg. In Berlin werden eine Woche lang Luftschützübungen durchgeführt.
27.9.	Benito Mussolini trifft in Berlin ein. Die Reichshauptstadt ist die letzte Station seines triumphalen Deutschlandbesuchs.
Oktober	
1.10.	Der Film »Die drei von der Tankstelle« wird von der Filmprüfstelle verboten.

Der Berliner Stadtarchivar Ernst Kaeber wird aus politischen Gründen zwangspensioniert.
Die Braunschweiger Firma Schmalbach-Lubeca AG stellt die erste deutsche Bierdose vor.

4.10. Die Reichsregierung beschließt das »Gesetz über die Neugestaltung deutscher Städte«.

5.10. In einer Rede in Chicago fordert US-Präsident Roosevelt, Deutschland unter »Quarantäne« zu stellen. In der Deutschlandhalle in Charlottenburg findet die Eröffnungsveranstaltung zum diesjährigen Winterhilfswerk statt.

25.10. Hanna Reitsch fliegt mit dem Hubschrauber FW-61 den Weltrekord.

26.10. Der deutsche Rennfahrer Bernd Rosemeyer erzielt die neue Höchstgeschwindigkeit 406,32 km/h auf einer Verkehrsstraße.

November

4.11. Generalbauinspektor Albert Speer erlässt die »Erste Anordnung über die Neugestaltung der Reichshauptstadt Berlin«.

5.11. Der Gau Berlin veranstaltet im Sportpalast eine Kundgebung zum Thema »Vierjahresplan, Ernährung und Außenpolitik«.
In der Reichskanzlei eröffnet Hitler höchstrangigen Mitarbeitern in einer Geheimbesprechung seine Entschlossenheit, einen Angriffskrieg zu führen.

6.11. Italien tritt dem Antikominternpakt von Deutschland und Japan bei.

8.11. Joseph Goebbels eröffnet in München die Propagandaschau »Der ewige Jude«.

15.11. Der Ullstein-Verlag wird in »Deutscher Verlag« umbenannt.

27.11. Grundsteinlegung für die Wehrtechnischen Fakultät der TU zu Berlin am Nordrand des Grunewaldes (heute Teufelsberg).

30.11. Dr. Hjalmar Schacht tritt als Reichswirtschaftsminister zurück. Er wird durch Walther Funk abgelöst.

Dezember

6.12. Der Gauverband Berlin des Reichskolonialbundes veranstaltet im Sportpalast eine Kundgebung zum Thema »Unsere Kolonialforderung«.

11.12. Mussolini verkündet den Austritt Italiens aus dem Völkerbund.

13.12. Massaker in Nanking (China) durch die japanische Armee.

17.12. 2000 Bauarbeiter der Reichsautobahn werden anlässlich der Fertigstellung des 2000. Streckenkilometers zu einer Feier in die Deutschlandhalle eingeladen. Fünf Tage später wird die Veranstaltung anlässlich der Fertigstellung des 3000. Kilometers, diesmal mit 3000 Bauarbeitern, wiederholt.

18.12. Italien und Deutschland unterzeichnen in Rom ein Abkommen über wirtschaftliche Zusammenarbeit.

ANHANG

LITERATUR

»EINE ANGELEGENHEIT DES GANZEN VOLKES«

Die Reichstagssitzung vom 30. Januar 1937

Adolf Hitlers Ehrentag, in: Völkischer Beobachter, Sonderausgabe vom 31.1.1937
Goebbels, Joseph: Vier Jahre Hitler-Deutschland, in: Völkischer Beobachter vom 30.1.1937
Göring, Hermann: Der Dank an den Führer, in: Völkischer Beobachter vom 30.1.1937
Götz, Aly: Hitlers Volksstaat, Frankfurt/M. 2006
Götz, Aly: Volkes Stimme, Frankfurt/M. 2006
Rosenberg, Alfred: Der 30. Januar, in: Völkischer Beobachter vom 30.1.1937
»Scheinparlamentarismus« in der NS-Zeit, Historische Ausstellung des deutschen Bundestages, Verwaltung des deutschen Bundestags, Fachbereich WD I, Mai 2006, www.bundestag.de/geschichte/infoblatt/scheinparlament.pdf
Treuepflicht und Reichskonkordat, in: Völkischer Beobachter vom 22.3.1937
Vier Jahre Aufbau, in: Völkischer Beobachter, Sonderausgabe vom 31.1.1937

NEUES JAHR, NEUE VERFASSUNG

Das Gesetz über die Verfassung und Verwaltung der Reichshauptstadt

Fieber, Hans-Joachim/Dannemann, Eva (Hrsg.): An der Spitze Berlins, 2. Teil, Berlin 1995
Fritz, Kristina/Herbrand, Ricarda: Der NS-Gau Berlin, Dissertation, Jena 2002, www.germanistory.worteinheiten.de/wiss/berlin.htm
Goebbels, Joseph: Tagebücher 1924-1945, hrsg. von Ralf Georg Reuth, Bd. 3: 1935-1939, München 1992

Hüttenberger, Peter: Die Gauleiter. Eine Studie zum Wandel des Machtgefüges in der NSDAP, Schriftenreihe der Vierteljahrshefte für Zeitgeschichte (VjhZG), Stuttgart 1969
Lohmeyer, Hans: Die Entwicklung Berlins zum Stadtstaat. Ein Beitrag zur Geschichte der Selbstverwaltung seit 1850, in: Der Bär von Berlin 5 (1955), S. 16-32
Rademacher, Michael: Handbuch der NSDAP-Gaue 1928-1945. Die Amtsträger der NSDAP und ihrer Organisationen auf Gau- und Kreisebene in Deutschland und Österreich sowie in den Reichsgauen Danzig-Westpreußen, Sudetenland und Wartheland, Vechta 2000
Organisationsbuch der NSDAP, 3. Aufl., München 1937
Ribbe, Wolfgang / Schmädeke, Jürgen: Kleine Berlin-Geschichte, 3. erweiterte und aktualisierte Aufl., Berlin 1994
Ribbe, Wolfgang: Geschichte Berlins, Bd. 2, München 1987
Speer, Albert: Erinnerungen, ungekürzte Ausgabe, Frankfurt/M. – Berlin – Wien 1969
Spiess, Volker (Hrsg.): Berliner Biographisches Lexikon, 2. überarbeitete und erweiterte Auflage, Berlin 2003
Steinbach, Peter: Berlin unter dem Nationalsozialismus. Hauptstadt im »Dritten Reich« und Zentrum des deutschen Wiederstandes, in: Süß, Werner/ Rytlewski, Ralf (Hrsg.): Berlin. Die Hauptstadt. Vergangenheit und Zukunft einer europäischen Metropole, Bonn 1999
Uhlitz, Otto: Kleine Verfassungsgeschichte Berlins. Die historischen Grundlagen des Berliner Verfassungsrechts, Berlin 1969
Verfassung und Verwaltung der Reichshauptstadt Berlin auf der Grundlage des Gesetzes über die Verfassung und Verwaltung der Reichshauptstadt Berlin vom 1. Dezember 1936, dargestellt und erläutert von Dr. Rudolf Guthoff-Groß und Dr. Ernst Luther, Berlin 1938
Wenzel, Waldemar: Dr. Julius Lippert, Staatskommissar der Hauptstadt Berlin, Berlin 1934

»WORT AUS STEIN«

Der Umbau Berlins zur »Welthauptstadt Germania«

Gesetz über die Neugestaltung deutscher Städte und Anordnungen über die Neugestaltung der Reichshauptstadt Berlin, in: Guthoff-Groß, Rudolf/Luther, Ernst (Hrsg.): Verfassung und Verwaltung der Reichshauptstadt Berlin, Berlin 1938
Ribbe, Wolfgang: Geschichte Berlins, München 1987
Schäche, Wolfgang: Von Berlin nach Germania, 3. Auflage, Berlin 2005
Speer, Albert: Erinnerungen, Frankfurt/M. – Berlin – Wien 1969

»MIT BRENNENDER SORGE«

Päpstliche Enzyklika und Bekennende Kirche

Adolph, Walter: Die katholische Kirche im Deutschland Adolf Hitlers, Berlin 1974

Adolph, Walter: Kardinal Preysing und zwei Diktaturen. Sein Widerstand gegen die totalitäre Macht, Berlin 1971

Beckmann, Joachim (Hrsg.): Kirchliches Jahrbuch für die evangelischen Kirchen in Deutschland 1933-1944. 2. Auflage 1976

Besier, Gerhard: Die Kirchen und das Dritte Reich. Bd. 3: Spaltungen und Abwehrkämpfe 1934 – 1937, Berlin 2001

Bethge, Eberhard: Dietrich Bonhoeffer, Reinbek bei Hamburg 2006

Boberbach, Hans (Hrsg.): Berichte des SD und der Gestapo über Kirchen und Kirchenvolk in Deutschland 1933-1944. Mainz 1971

Burgsmüller, Alfred/Weth, Rudolf (Hrsg.): Die Barmer Theologische Erklärung. Einführung und Dokumentation, 6. Aufl., Neukirchen 1998

Der Fall Niemöller, Georg-Elser-Gedenkstätte (Hg.), Königsbronn 2002

Dietrich Bonhoeffer Werke, Bd. 14: Illegale Theologenausbildung: Finkenwalde 1935-1937, Gütersloh 1996

Dietrich Bonhoeffer Werke, Bd. 15: Illegale Theologenausbildung: Sammelvikariate 1937-1940, Gütersloh 1998

Ebinger, Thomas: Die Enzyklika »Mit brennender Sorge« vom 21. März 1937 – Die katholische Kirche antwortet auf die Herausforderung durch den Nationalsozialismus, Seminararbeit 1996

Goebbels, Joseph: Tagebücher 1924-1945, hrsg. von Ralf Georg Reuth, Bd. 3: 1935-1939, München 1992

Kock, Erich: Er widerstand. Bernhard Lichtenberg. Dompropst bei St. Hedwig, Berlin 2000

Kreutzer, Heike: Das Reichskirchenministerium im Gefüge der nationalsozialistischen Herrschaft, Schriften des Bundesarchivs, Band 56, Düsseldorf 2000

Raem, Heinz-Albert: Pius XI. und der Nationalsozialismus – die Enzyklika »Mit brennender Sorge« vom 14. März 1937. Paderborn, München, Wien, Zürich 1979

Schlingensiepen, Ferdinand: Dietrich Bonhoeffer. 1906-1945, 4. durchges. Aufl., München 2005

Speer, Albert: Erinnerungen, Frankfurt/M. – Berlin – Wien 1969

Spiess, Volker (Hrsg.): Berliner Biographisches Lexikon, 2. überarbeitete und erweiterte Auflage, Berlin 2003

Weitlauff, Manfred: Konrad Graf von Preysing, in: Biografisch-bibliografisches Kirchenlexikon, Band VII, Spalten, 941-948, Nordhausen, 1994

Wirth, Günter: Heinrich Grüber. Dona nobis pacem! Rettet das Leben!, Berlin 1987

»HART WIE KRUPPSTAHL«

Im »Baujahr der Hitler-Jugend«

»Schafft Heime für die Hitler-Jugend!«, Werbeeinsatz für die HJ-Heimbeschaffung, 15. bis 24. Januar 1937, Anordnungen der Reichsjugendführung, Berlin 1937

Buddrus, Michael: Totale Erziehung für den totalen Krieg. Hitlerjugend und nationalsozialistische Jugendpolitik, hrsg. v. Institut f. Zeitgeschichte. Bd. 13/1 u. 2., München 2003

Die Kameradschaft, Blätter für Heimabendgestaltung in der Hitler-Jugend Berlin, Folge 1 bis 18, Berlin 1937

Huber, Karl-Heinz: Jugend unterm Hakenkreuz. Frankfurt am Main-Berlin, 1986

Kater, Michael H./Krauser Jürgen P.: Hitler-Jugend, Darmstadt 2005

Klönne, Arno: Jugend im Dritten Reich. Die Hitler-Jugend und ihre Gegner, Düsseldorf 1982

Klose, Werner: Generation im Gleichschritt. Die Hitlerjugend, Oldenburg 1983

Lapper, Karl: 1937 – Das Baujahr der Hitlerjugend, in: Völkischer Beobachter vom 5. Januar 1937

Schubert-Weller/Christoph: Hitlerjugend. Vom »Jungsturm Adolf Hitler« zur Staatsjugend des Dritten Reiches. München – Weinheim 1993

»DEUTSCHE SIEGE«

Die Hauptstadt des Sports

Havemann, Nils: Fußball unterm Hakenkreuz. Der DFB zwischen Sport, Politik und Kommerz, Bonn 2006

Hrachowy, Frank O.: Stählerne Romantik: Automobilrennfahrer und nationalsozialistische Moderne, Berlin 2005

Kluge, Volker: Max Schmeling, Berlin 2004

Reuß, Eberhard: Hitlers Rennschlachten. Die Silberpfeile unterm Hakenkreuz, Berlin 2006

Vollrath, Klaus/Bohmbach, Peter: Ha ho he, Hertha BSC, München 1990

»DEUTSCHE KUNST IST HEIMATKUNST«

Die kulturelle Gleichschaltung

»Das Buch eines der köstlichsten Kulturgüter«, in: Völkischer Beobachter vom 26. April 1937

Albrecht, Gerd: Nationalsozialistische Filmpolitik, München 1969

Brenner, Hildegard: Die Kunstpolitik des Nationalsozialismus, Reinbek bei Hamburg 1963
Das Dritte Reich und die Musik, Katalog zur Ausstellung im Schloss Neuhardenberg, Berlin 2006
Fleckner Uwe (Hrsg.): Angriff auf die Avantgarde. Kunst und Kunstpolitik im Nationalsozialismus, Berlin 2006
Goebbels, Joseph: Tagebücher 1924-1945, hrsg. von Ralf Georg Reuth, Bd. 3: 1935-1939, München 1992
Haffner, Herbert: Furtwängler, Berlin 2003
Hans Hinkel: Handbuch der Reichskulturkammer, Berlin 1937
Jansen, Wolfgang: Das Varieté. Die glanzvolle Geschichte einer unterhaltenden Kunst, Berlin 1990
Kater, Michael H.: Komponisten im Nationalsozialismus. Acht Portraits, Berlin 2004
Kramer, Thomas: Reclams Lexikon des deutschen Filmes, Ditzingen 2002
Kreimeier, Klaus: Die Ufa-Story. Geschichte eines Filmkonzerns, Frankfurt/M. 2002
Mendelssohn, Peter de: Zeitungsstadt Berlin, überarbeitete Aufl., Frankfurt/M. – Berlin – Wien 1982
Prieberg Fred K.: Musik im NS-Staat, Frankfurt/M. 1982
Quanz, Constanze: Der Film als Propagandainstrument Joseph Goebbels', Köln 2000
Richie, Alexandra: Faust's metropoly. A History of Berlin, London 1998
Sarkowicz, Hans (Hrsg.): Hitlers Künstler. Die Kultur im Dienste des Nationalsozialismus, Frankfurt/M. 2004
Seifert, Otto: Die Große Säuberung des Schrifttums. Der Börsenverein der Deutschen Buchhändler zu Leipzig 1933 bis 1945, Leipzig 2000
Spiess, Volker (Hrsg.): Berliner Biographisches Lexikon, 2. überarbeitete und erweiterte Auflage, Berlin 2003
Zuschlag, Christoph: Entartete Kunst. Ausstellungsstrategien im Nazi-Deutschland, Worms 1995

»GEBT MIR VIER JAHRE ZEIT«
Die Berliner Propagandaschau

Berlins größter Ausstellungserfolg, in: Völkischer Beobachter vom 28. Juni 1937
Der nationalsozialistische Rechenschaftsbericht – »U9« am Kaiserdamm, in: Völkischer Beobachter vom 29. April 1937

Gebt mir vier Jahre Zeit, amtlicher Katalog für die Ausstellung in Berlin 1937, 30. April bis 20. Juni, Ausstellungsgelände am Funkturm/Hrsg. v. Gemeinnützige Berliner Ausstellungs-, Messe- und Fremdverkehrs-G.m.b.H., Berlin 1937

700 JAHRE BERLIN

Ausstellung und Festwoche

700 Jahre Berlin, Im Auftrage der Stadtverwaltung zur 700-Jahr-Feier der Reichshauptstadt, dargestellt von Hans Grantzow, Berlin 1937

700-Jahr-Feier der Reichshauptstadt August 1937. Folge der Feier vom 14. bis 22. August 1937, Berlin 1937

Amtkatalog 700 Jahre Berlin, Freigeländeschau am Funkturm vom 14. August bis 12. September, Berlin 1937

Arendt, Max/Faden, Eberhard/Gandert, Otto Fr. (Hrsg.): Geschichte der Stadt Berlin, Einzige von der Reichshauptstadt Berlin zum 700jährigen Jubiläum herausgegebene Festschrift, Berlin 1937

Der Tag der Berliner Jugend, in: Völkischer Beobachter vom 17. August 1937

Des Führers Glückwunsch, in: Völkischer Beobachter vom 16. August 1937

Die feierliche Eröffnung der Ausstellung am Funkturm, in: Völkischer Beobachter vom 15. August 1937

Ehrenschild Berlins für Dr. Goebbels, in: Völkischer Beobachter vom 16. August 1937

Ein Blütenstrom zog durch Berlin, in: Völkischer Beobachter vom 22. August 1937

Escher, Felix: Berlins 700-Jahr-Feier 1937. Bemerkungen zur Entwicklung des Gedankens eines Stadtjubiläums, in: Berlin in Geschichte und Gegenwart. Jahrbuch des Landesarchivs, Berlin 1986, S. 177-190

Ganz Berlin auf den Beinen, in: Völkischer Beobachter vom 15. August 1937

Historischer Festzug durch die Straßen Berlins, in: Völkischer Beobachter vom 16. August 1937

Kaeber, Ernst: Erinnerungen an das Stadtarchiv Berlin. Zugleich eine Skizze der Geschichte des Archivs, in: Der Bär von Berlin. Jahrbuch des Vereins für die Geschichte Berlins, 10/1961, S. 7-51

Ribbe, Wolfgang: Geschichte Berlins, Bd. 2, München 1987

Thijs, Krijn: »De nationaal-socialistische viering van 700 jaar Berlijn«, Nieuwste Tijd. Kwartaalschrift voor de eigentijdse geschiedenis 3, Juli 2004, S. 49-61

Thijs, Krijn: »Die braune Erzählung der Stadtgeschichte. Zur 700-Jahrfeier der Reichshauptstadt und zur Stadthistorischen Disziplin«, in: Berlin in Geschichte und Gegenwart. Jahrbuch des Landesarchivs, Berlin 2002, S. 111-137

Thijs, Krijn: Drei Geschichten, eine Stadt. Die Berliner Stadtjubiläen von 1937 und 1987, Köln – Weimar – Wien 2007
Thijs, Krijn: Elastische Geschichte. Berlin und drei Erzählungen seiner Vergangenheit, Dissertation 2005

»WAFFEN DER NATION«
Technikstandort Berlin

Alex, Jürgen: Der Vater des Computers, Fulda 2000
Bastian, Till: High Tech unterm Hakenkreuz. Von der Atombombe bis zur Weltraumfahrt, Berlin 2005
Bavaj, Riccardo: Die Ambivalenz der Moderne im Nationalsozialismus. Eine Bilanz der Forschung, München 2003
Benz, Wolfgang/Graml, Hermann/Weiß, Hermann (Hrsg.): Enzyklopädie des Nationalsozialismus, Stuttgart 1997
Coates, Steve: Helicopters of the Third Reich, Hersham 2002
Diller, Ansgar: Rundfunk in Deutschland, Bd. 2: Rundfunkpolitik im Dritten Reich, München 1980
Gehrts, August: 5 Jahre Fernsehdienst der Deutschen Reichspost, in: Europäischer Fernsprechdienst, Heft 55, Berlin 1940
Göbel, Gerhardt: Das Fernsehen in Deutschland bis zum Jahre 1945, in: Archiv für Post- und Fernmeldewesen, Bonn 1953
Hammerstein, Notker: Die Deutsche Forschungsgemeinschaft in der Weimarer Republik und im Dritten Reich. Wissenschaftspolitik in Republik und Diktatur, München 1999
Herlin, Hans: Der Teufelsflieger Ernst Udet und die Geschichte seiner Zeit, München 1974
Hickethier, Knut: Geschichte des deutschen Fernsehens, Stuttgart 1998
Hochstetter, Dorothee: Motorisierung und »Volksgemeinschaft«. Das nationalsozialistische Kraftfahrkorps (NSKK) 1931-1945, München 2004
Hrachowy, Frank: Stählerne Romantik. Automobilrennfahrer und nationalsozialistische Moderne, Berlin 2005
Jochim, Berthold K.: Hanna Reitsch. Die erste Testpilotin der Welt, Rastatt 1960
Karlson, Paul: Der Mensch fliegt: Geschichte und Technik des Fliegens, Berlin 1937
Keim, Wolfgang: Erziehung unter Nazi-Diktatur, 2 Bände, Darmstadt 1997
Marschall, Ken/Archbold, Rick: Luftschiff Hindenburg und die große Zeit der Zeppeline, München 2005

Pedersen, Ulf: Bernhard Rust: Ein nationalsozialistischer Bildungspolitiker vor dem Hintergrund seiner Zeit, Gifhorn 1994
Piszkiewicz, Dennis: From Nazi test pilot to Hitler‘s bunker, London 1997
Reichserziehungsministerium (Hrsg.): Ein Ehrentag der deutschen Wissenschaft: Die Eröffnung des Reichsforschungsrates am 25. Mai 1937, Berlin 1937
Reiss, Erwin: Wir senden Frohsinn. Fernsehen unterm Faschismus, Berlin 1979
Reitsch Hanna: Das Unzerstörbare in meinem Leben, 6. Auflage, München 1989
Reitsch, Hanna: Fliegen - mein Leben, ungekürzte Ausgabe, Frankfurt/M. 1996
Rust, Bernhard: Das nationalsozialistische Deutschland und die Wissenschaft, Heidelberger Rede vom Reichsminister Rust und Prof. Ernst Kriek, Hamburg 1936

Tanaka, Shelley: Die Katastrophe der Hindenburg, Nürnberg 1994
Udet, Ernst: Horridohi, München 1983
Winker, Klaus: Fernsehen unterm Hakenkreuz, Köln – Weimar – Wien 1996
Zimmermann, Christa-Maria: Die letzte Fahrt der Hindenburg, Bindlach 2000
Zuse, Konrad: Der Computer. Mein Lebenswerk, Berlin 1993

VERFOLGUNG UND WIDERSTAND

Adler, Rudel: Jüdische Selbsthilfe unter dem Naziregime 1933-1939. Spiegel der Reichsvertretung der Juden in Deutschland, Tübingen 1974
Benz, Wolfgang (Hrsg.): Die Juden in Deutschland 1933-1945. Leben unter nationalsozialistischer Herrschaft, München 1988
Benz, Wolfgang/Pehle, Walter H. (Hrsg.): Lexikon des Deutschen Widerstandes, Frankfurt/M. 1994
Benz, Wolfgang / Distel, Barbara (Hrsg.): Der Ort des Terrors. Band 3: Sachsenhausen, Buchenwald, München 2006
Berner, Rudolf: Die unsichtbare Front, Bericht über die illegale Arbeit in Deutschland (1937), Berlin – Köln 1997
Burrin, Philippe: Hitler und die Juden. Die Entscheidung für den Völkermord, Frankfurt/M. 1993
Finn, Gerhard: Sachsenhausen 1936-1950: Geschichte eines Lagers, Berlin – Bonn 1988
Friedländer, Saul: Das Dritte Reich und die Juden. Die Jahre der Verfolgung 1933-1939, München 2000
Graml, Hermann (Hrsg.): Widerstand im Dritten Reich: Probleme, Ereignisse, Gestalten, Frankfurt/M. 1994
Herbert, Ulrich (Hrsg.): Die nationalsozialistischen Konzentrationslager. Entwicklung und Struktur, Frankfurt/M. 2002

Jellonnek, Burkhard: Homosexuelle unter dem Hakenkreuz. Die Verfolgung von Homosexuellen im Dritten Reich, Paderborn 1990
Jürgen Schmädeke/Peter Steinbach (Hrsg.): Der Widerstand gegen den Nationalsozialismus. Die deutsche Gesellschaft und der Widerstand gegen Hitler, München – Zürich 1985
Kogon, Eugen: Der SS-Staat. Das System der deutschen Konzentrationslager, München 2004
Leuschner, Wilhelm: »Schafft die Einheit«, Berlin 2001
Mellenthin, Knut: Chronologie des Holocaust, www.holocaust-chronologie.de/chronologie/1937
Morsch, Günter/zur Nieden, Susanne (Hrsg.): Jüdische Häftlinge im Konzentrationslager Sachsenhausen 1936 bis 1945, Berlin 2004
Rürup, Reinhard (Hrsg.): Jüdische Geschichte in Berlin, Berlin 1995
Scheer, Regina: Im Schatten der Sterne: Eine jüdische Widerstandsgruppe, Berlin 2004
Stümke, Hans-Georg: Homosexuelle in Deutschland: eine politische Geschichte, München 1989
Wagner, Walter: Der Volksgerichtshof im nationalsozialistischen Staat, München 1974

»WERKZEUG DES FRIEDENS«
Hauptquartier und Waffenschmiede

Bode, Volkhard/Kaiser, Gerhard: Raketenspuren. Peenemünde 1936-1996, Berlin 1995
Kohl, Ulrike: Die Präsidenten der Kaiser-Wilhelm-Gesellschaft im Nationalsozialismus: Max Planck, Carl Bosch und Albert Vögler zwischen Wissenschaft und Macht, Stuttgart 2002
Müller, Rolf-Dieter/Volkmann Hans-Erich (Hrsg.): Die Wehrmacht. Mythos und Realität, München 1999
Schmaltz, Florian: Kampfstoff-Forschung im Nationalsozialismus: Zur Kooperation von Kaiser-Wilhelm-Instituten, Militär und Industrie, Göttingen 2005

DIE »DUNKLE WOCHE«
Luftschutzübungen in der Reichshauptstadt

»Göring kann stolz sein!« Berlins Verdunkelungsübung im Echo der Weltpresse, in: Völkischer Beobachter vom 22. September 1937

Arnold, Ingmar/Arnold, Dietmar: Dunkle Welten: Bunker, Tunnel, Gewölbe unter Berlin, 7. Auflage, Berlin 2004
Luftschutz-Selbstschutz, in: Völkischer Beobachter vom 21. September 1937
Millionenstadt in vorbildlicher Disziplin, in: Völkischer Beobachter vom 22. September 1937
Mustergültige Zusammenarbeit des Luftschutzes mit Behörden und Bevölkerung, in: Völkischer Beobachter vom 21. September 1937

DER STAATSGAST

Benito Mussolini und die Achse Berlin – Rom

Anfuso, Filippo: Die beiden Gefreiten. Ihr Spiel um Deutschland und Italien, München 1952
Falanga, Gianluca: Italien in Berlin, Berlin 2006
Rauscher, Walter: Hitler und Mussolini. Macht, Krieg und Terror, Köln-Regensburg 2001
Schmidt, Paul: Statist auf diplomatischer Bühne 1923-1945, Bonn 1949

»DIE LÖSUNG DER DEUTSCHEN FRAGE«

Hitlers Geheimkonferenz

Bußmann, Walter: Zur Entstehung und Überlieferung der »Hoßbach-Niederschrift«, in: Vierteljahrshefte für Zeitgeschichte, 16. Jg., 1968, S. 373-384
Haffner, Sebastian: Anmerkungen zu Hitler, Frankfurt/M. 1981
Janßen, Karl-Heinz/Tobias, Fritz: Der Sturz der Generäle. Hitler und die Blomberg-Fritsch-Krise 1938, München 1994
Raeder, Erich: Mein Leben, Tübingen 1957
Smith, Bradley F.: Die Überlieferung der Hoßbach-Niederschrift im Lichte neuer Quellen, in: Vierteljahrshefte für Zeitgeschichte, 38. Jg., 1990, S. 329-336

ABBILDUNGSNACHWEIS

Archiv des Autors S. 139, 145; Archiv des Verlags S. 22, 26, 41, 49, 51, 58, 63, 65, 66, 68, 71, 73, 126, 136, 139, 145, 231; Berliner Morgenpost 1937: 14, 54, 61, 74, 82, 83, 84, 85, 94, 97, 128, 129, 132, 135, 144, 147, 148, 151, 152, 155, 158, 160, 161, 163, 168, 172, 189, 192, 195, 196, 199, 200, 203, 205; Bildarchiv Preußischer Kulturbesitz Titel (1), S. 120, 123; Gedenkstätte Deutscher Widerstand S. 55, 56, 185; Landesarchiv Berlin S. 20, 28, 46, 57, 178, 208; Zentralblatt der Bauverwaltung 1937 S. 42

DER AUTOR

Gianluca Falanga wurde am 11. Mai 1977 in der süditalienischen Hafenstadt Salerno geboren. Aufgewachsen ist er in der Industriemetropole Turin. Während seines Studiums der Literaturwissenschaften und der Philologie an der Universität Turin ging er 1999 für ein Jahr nach Kopenhagen, wo er an dem Arnamagnæansk Institut altgermanische Manuskripte studierte. 2003 wurde seine Diplomarbeit, die italienische Übersetzung der färöischen Nibelungenlieder, als beste philologische Abhandlung Italiens des Jahres 2002 ausgezeichnet und veröffentlicht. 2002 erschien auch seine erste Gedichtsammlung mit dem Titel »Quanta terra ancora per arrivare al mare« (frei übersetzt: »Wie weit ist es noch bis zum Meer«).

Nach Berlin kam er erstmals im Sommer 2000. Zwei Jahre später beschloss er, sich an der Spree niederzulassen. Während seine wissenschaftlichen Aufsätze in Italien weiter erschienen, beschäftigte er sich zunehmend mit Berlin und dessen Geschichte. Nach einem Forschungsstipendium des DAAD an dem Nordeuropa Institut der Humboldt-Universität im Frühling 2003 und einer Ausbildung zum Buchhändler in Deutschland lebt er heute als freier Autor und Übersetzer in Berlin.

In deutscher Sprache veröffentlichte Gianluca Falanga bisher folgende Bücher:

- Die Humboldt-Universität (Berlin Story Verlag, 2005)
- Italien in Berlin (be.bra Verlag, 2006).

BERLIN STORY VERLAG

Unter den Linden 40, 10117 Berlin

Sven Felix Kellerhoff

MYTHOS FÜHRERBUNKER

HITLERS LETZTER UNTERSCHLUPF

152 Seiten, 12,5 x 20,5 cm, 14,95 €

ISBN 13: 978-3-929829-43-6

Die Faszination des Führerbunkers ist ungebrochen. Besucher Berlins suchen immer wieder nach Resten. Nur eine Informationstafel weist darauf hin. Das Buch zeigt, wo sich der Bunker befand und was an seiner Stelle heute steht. Es erläutert die Baugeschichte der Betonhöhle, schildert das Drama des Untergangs anhand von Zeitzeugenberichten und geht auf die Versuche ein, den Bunker zu beseitigen. Fotos und genaue Pläne veranschaulichen die Lage und das Leben im Bunker.

Sven Felix Kellerhoff studierte Geschichte sowie Medienrecht und absolvierte die Berliner Journalistenschule. Er beschäftigt sich seit Jahren mit dem Nationalsozialismus. In diesem Buch stellt er die wichtigsten Quellen und Fakten über den Führerbunker zusammen – vom Baubeginn bis heute.

WWW.MYTHOS-FUEHRERBUNKER.DE

Michael Bienert/Elke Linda Buchholz

DIE ZWANZIGER JAHRE IN BERLIN

EIN WEGWEISER DURCH DIE STADT

280 Seiten, 12,5 x 20,5 cm, 19,80 €

ISBN 13: 978-3-929829-28-0

Dreigroschenoper, Bubikopf, Dada, Bauhausarchitektur, Metropolis, Straßenkämpfe – der Mythos der Zwanziger Jahre prägt bis heute das Bild Berlins in der ganzen Welt. Zum ersten Mal liegt nun ein Stadtführer vor, der hilft, die Zwanziger Jahre mit all ihren Facetten im wiedervereinigten Berlin wiederzuentdecken. Zahlreiche Abbildungen, Register und ein Serviceteil erleichtern die Orientierung.

WWW.ZWANZIGER-JAHRE-IN-BERLIN.DE

BERLIN STORY VERLAG

Unter den Linden 40, 10117 Berlin

Sven Felix Kellerhoff

ORTSTERMIN MITTE

SPURENSUCHE IN BERLINS INNENSTADT

256 Seiten, 12,5 x 20,5 cm, 19,80 €

ISBN 13: 978-3-929829-57-0

Berlin für Fortgeschrittene, mehr als die Hauptsehenswürdigkeiten, von einem jungen Historiker geschrieben, der außergewöhnlich interessant Geschichte in Geschichten (30 insgesamt) erzählen kann, weil er das laufend und erfolgreich tut. Kellerhoff ist der Geschichtsredakteur der WELT und der Berliner Morgenpost. Bei uns erschien von ihm »Mythos Führerbunker« (inzwischen auch auf englisch und italienisch). Erstmals erzählte Geschichten wie die vom Hotelbesitzer Curt Elschner, der Hitler die Tür wies; Admiralspalast am Rande des Rotlichtmilieus; die Goebbels-Villa und ihr Bunker; Schloss Monbijou; der Tod Peter Fechners 1962 an der Mauer. Wir wurden immer wieder gebeten, etwas mehr in die Tiefe zu gehen, jetzt liegt das Ergebnis vor. Der Band ist mit vielen Abbildungen versehen, und auf einer Karte findet man die Orte.

WWW.ORTSTERMIN-MITTE.DE

Michael Bienert/Elke Linda Buchholz

KAISERZEIT UND MODERNE

EIN WEGWEISER DURCH BERLIN

280 Seiten, 12,5 x 20,5 cm, 19,80 €

ISBN 13: 978-3-929829-47-1

Wie Berlin eine Weltstadt wurde ist überall in der Stadt zu besichtigen. Keine vergangene Epoche prägt das heutige Berlin so sehr wie die Kaiserzeit. Zwischen 1871 und 1914 wuchs die Hauptstadt mit den Nachbargemeinden zu einem Großraum mit vier Millionen Einwohnern zusammen. Um dieses Riesengebilde am Leben zu halten, waren große Innovationen notwendig. Eine Kanalisation, Wasserwerke, Schulen, Krankenhäuser, Gerichte, Markthallen und die erste U-Bahn wurden gebaut – vieles davon erfüllt bis heute seine Funktion.

WWW.KAISERZEIT-UND-MODERNE.DE

Unter den Linden 40, 10117 Berlin

Stefan Maria Rother

SCHÖNHAUSER STRASSE

96 Seiten, 21 x 21 cm, 14,95 €
ISBN 13: 978-3-929829-54-9

Die Schönhauser Straße – jung und lebendig und ein bißchen exzentrisch. Eine Straße, die seit 1750 so heißt und absolut das Heute Berlins repräsentiert. Dieser Fotoband mit brillanten Aufnahmen zeigt Menschen vor allem bei der Arbeit, so wie sie sich sehen wollen. Stefan Maria Rother fällt es ganz leicht, Nähe aufzubauen. Er taucht einfach in die Straße ein. Der Berliner Fotograf gehört zu den profiliertesten jungen Künstlern der deutschen Gegenwartsfotografie.

WWW.SCHOENHAUSER-STRASSE.DE

Kreuzberg Museum (Hg.)

JÜRGEN HENSCHEL

DER FOTOGRAF
DER WAHRHEIT

192 Seiten, 24 x 17 cm, 19,80 €
ISBN 13: 978-3-929829-45-7

Der Fotograf FJürgen Henschel ist Chronist des aufmüpfigen West-Berliner Bezirks Kreuzberg. Er dokumentiert die Studentenrevolte der späten 1960er Jahre, die linke Kunst- und Kulturszene, die Emanzipationsbestrebungen der Zuwanderer und den Häuserkampf im Verlauf der Proteste gegen die Sanierungspolitik des Senats. Wo immer sich etwas bewegt in dieser unruhigen Zeit, ist Henschel mit der Kamera dabei. Objektiv ist er dabei nicht – und will es nicht sein. Er fotografiert für die »Wahrheit«, das Presseorgan der Sozialistischen Einheitspartei West berlin, die damals wohl umstrittenste Zeitung Berlins. Seine hier präsentierten Bilder aus den Jahren 1967 bis 1988 lassen ein Stück Kreuz berger Geschichte lebendig werden. Texte von Zeitzeugen ergänzen den Band.

WWW.KREUZBERGMUSEUM.DE

Gianluca Falanga

DIE HUMBOLDT-UNIVERSITÄT

240 Seiten, 12,5 x 20,5 cm, 19,80 €
ISBN 13: 978-3-929829-27-3

Das Gebäude sollte prächtig wirken und den Festlichkeiten seines Bruders Prinz Heinrich dienen – das stellte sich Friedrich II. vor, als er 1749 die Fassade so skizzierte wie wir die Humboldt-Universität heute kennen. Aus dem Palais wurde 1810 eine Universität, die sensationelle 29 Nobelpreisträger hervorbrachte, aber auch den berüchtigten »Generalplan Ost«. Heute umfasst die intellektuelle Spannbreite die gesamte klassische Bildung bis hin zu weltweiten Spitzenleistungen in Medizin und Naturwissenschaften.
Autor Gianluca Falanga studierte Literatur und Philologie in Turin und Kopenhagen. Er übersetzte Belletristik aus nordischen Sprachen und veröffentlichte in Italien Gedichte und akademische Aufsätze. Seit 2002 lebt und arbeitet er in Berlin.

WWW.HUMBOLDT-UNIVERSITAET-BUCH.DE

Werner Schmidt

LETZTE RETTUNG BERLIN

AUSSTEIGER UND ANKOMMER
240 Seiten, 12,5 x 20,5 cm, 19,80 €
ISBN 13: 978-3-929829-40-2

Mehr als das sichere bürgerliche leben. Gelegentlich macht man lieber einen Bogen um einige Zeitgenossen, die einem zu nahe kommen könnten, die unangenehm riechen oder denen man schon ansieht, dass sie betteln wollen. Werner Schmidt hingegen geht auf sie zu. Er schreibt auf, was er sieht und erzählt bekommt, wie die Situation auf ihn wirkt. Oft ist das komisch, manchmal berührend, meist überraschend, jedoch immer äußerst interessant. Jedenfalls keine Doktorarbeit. Eine Parallelwelt in Berlin öffnet sich. Schmidt quittierte den Beamtendienst und schreibt Kulturrätsel sowie Bücher über Physik.

WWW.LETZTE-RETTUNG-BERLIN.DE